上海开放大学

社区教育
与基层社会治理

沈启容 ◎ 著

哈尔滨出版社
HARBIN PUBLISHING HOUSE

图书在版编目（CIP）数据

社区教育与基层社会治理 / 沈启容著. -- 哈尔滨：
哈尔滨出版社，2023.6
ISBN 978-7-5484-7326-8

Ⅰ.①社… Ⅱ.①沈… Ⅲ.①社区—社会教育②社会
管理—研究—中国 Ⅳ.① G77 ② D63

中国国家版本馆 CIP 数据核字（2023）第 117599 号

书　　名：社区教育与基层社会治理

SHEQU JIAOYU YU JICENG SHEHUI ZHILI

作　　者：沈启容　著
责任编辑：刘　丹
封面设计：三仓学术

出版发行：哈尔滨出版社（Harbin Publishing House）
社　　址：哈尔滨市香坊区泰山路 82-9 号　　邮编：150090
经　　销：全国新华书店
印　　刷：武汉鑫佳捷印务有限公司
网　　址：www.hrbcbs.com
E-mail：hrbcbs@yeah.net
编辑版权热线：（0451）87900271　87900272

开　　本：787mm×1092mm　1/16　　印张：12.5　　字数：166 千字
版　　次：2023 年 6 月第 1 版
印　　次：2023 年 6 月第 1 次印刷
书　　号：ISBN 978-7-5484-7326-8
定　　价：62.00 元

凡购本社图书发现印装错误，请与本社印制部联系调换。
服务热线：（0451）87900279

序

社会治理是个很大的命题，也是当下比较热门的概念，无论是政策文件，还是学术研究中，都不乏其身影，而社区教育在教育学研究和社区研究中被重视的程度都不算高，把社区教育放在社会学和基层社会治理的背景下去审视，就能够看到一些特别之处。

社会学的魅力就在于挖掘社会表象背后的本质。通常我们都依据自己生活中熟悉的经验来理解周围世界，而社会学则要求我们以更为宽阔的视角来说明我们为什么会是如此生活以及我们为什么会这样行动，去探究那些理所当然、确凿无疑的事物背后，实际上可能并非如此的东西。正如治理的本质是多元主体、平等参与，社会也需要多样性。就像本书所揭示的，社区教育的本质不在于教育，而在于构建起的学习共同体和社区共同体，受众所求的也不仅是学习，而是交流、信任和群体生活。

沈启容是我的学生，2017年开始博士阶段的学习，他同时也是一名教师，在职阶段的学习比较辛苦，好在他坚持下来了，这本书是他博士阶段的思考和研究的总结，期待他在今后的学习工作中继续努力，取得更多的研究成果。

陆小聪

2022年7月于澳大利亚

自 序

　　个人与群体的关系，是社会学永恒的命题。本书虽是从笔者自身工作和学习的实际出发，主题是社区教育和基层社会治理，但对于社会学命题的探求从来没有消失和停止。书中没有对教育学中常提及的教育主体、教育客体、教育方法、教学内容等进行分析，是因为在教育学的框架内审视社区教育的论文已经不少，而当我们从社会学的视角来审视时，会有许多新的发现。

　　本书脱胎于笔者博士期间的研究，也得到了上海开放大学科研创新项目的支持，部分内容虽然先期发表，但起初的框架和思想非常简陋。在和博导陆小聪老师的多次沟通之后，陆老师提到了一个让我眼前一亮的概念，就是涂尔干的社会团结。在社会学古典四大家（涂尔干、韦伯、马克思、齐美尔）里，笔者最熟悉的应该就是涂尔干了，至少是把他的大部分著作通读过的，但把社会团结作为连通社区教育和基层社会治理的一个逻辑链条，确实是我没有想到的。不过随之而来的问题是如何操作，这个过程极其煎熬和痛苦，与陆老师反复交流、重读原著、梳理概念，最终才呈现出目前书中的第三章理论视角的核心部分，这部分可以看成本书论证环节的关键点。

本书在第一章和第二章对社会治理和社区教育的发展背景以及相关概念、文献进行了梳理和回顾；第三章厘清了从社区教育到基层社会治理的逻辑链条，并提出本文的研究视角和研究方法；第四章介绍和分析社区教育的历史沿革和发展现状，以及社区教育与基层社会治理现状的调研情况；第五章、第六章、第七章从社会容量、整合程度、道德密度、利他行为和集体意识等社会团结的指标出发，阐述社区教育在基层社会治理中的功能和作用；第八章和第九章针对社区教育在发展过程中存在的问题展开论述，并提出对社区教育未来在个体层面、中观层面和宏观层面发展的思考和展望。

在写作和修改过程中，越来越感到自己的知识积累和思想沉淀尚浅，需要更多的阅读、调研和思考，因此本书中还存在许多不足，论证逻辑难免会有漏洞，希望读者见谅并指正。

沈启容

2022 年 8 月于上海

目 录

第 1 章　项目研究背景 ·· 1

1.1　传统社会管理方式的式微 ·· 3
  1.1.1　以血缘和地缘为纽带的中国传统宗族社会 ············ 3
  1.1.2　以政治权力为核心的单位制与户籍制 ················· 4
  1.1.3　以信仰和仪式为载体的宗教活动 ······················ 6

1.2　当前基层社会治理面临的困境 ···································· 7
  1.2.1　社会人口流动带来的基层社区控制力下降 ············ 8
  1.2.2　社会组织关系改变带来的基层社区组织力削弱 ······ 9
  1.2.3　人口结构变化带来的老龄化和少子化问题 ············ 10

1.3　社区教育在社会发展中的意义 ···································· 14
  1.3.1　作为维稳辅助策略的社区教育 ························ 14
  1.3.2　作为市民休闲文化补充的社区教育 ··················· 16
  1.3.3　作为群体生活公共空间的社区教育 ··················· 18

第2章 文献回顾 ································· 19

2.1 社区教育及其相关概念 ························· 19
2.1.1 社区概念 ···························· 19
2.1.2 社区教育概念 ························· 20
2.1.3 终身教育、学习型社会和老年教育 ············ 22

2.2 社会治理的概念及相关要素 ····················· 25
2.2.1 社会治理概念 ························· 25
2.2.2 基层社会治理的几大核心要素 ·············· 28

2.3 社区教育与社会治理的相关研究 ················· 31
2.3.1 社区教育的相关研究 ···················· 31
2.3.2 社会治理的相关研究 ···················· 32
2.3.3 社区教育与社会治理的关系研究 ············ 34
2.3.4 文献述评 ···························· 35

第3章 理论视角与研究方法 ······················· 37

3.1 理论视角：涂尔干的社会团结理论 ················ 37
3.1.1 社会团结的两种形式 ···················· 38
3.1.2 从社区教育到社会治理的逻辑链条 ··········· 39
3.1.3 社会团结的衡量指标 ···················· 43

3.2 研究目的和意义 ···························· 46

3.3 研究内容与方法 ···························· 48
3.3.1 研究内容 ···························· 49

3.3.2　研究方法 ……………………………………………… 49

第4章　社区教育的历史沿革与发展现状 …………………………… **52**

4.1　社区教育的发端与视域拓展 ……………………………… **52**

　　　4.1.1　西方社区教育的萌发：从家庭教育到社会教育 ……… 52

　　　4.1.2　我国社区教育的发源：从校外教育到终身教育 ……… 54

4.2　我国社区教育的发展现状 ………………………………… **57**

　　　4.2.1　全国社区教育概况 ……………………………………… 57

　　　4.2.2　上海社区教育的探索 …………………………………… 61

4.3　社区教育与基层社会治理的现状调研 …………………… **65**

第5章　聚合与参与：社会容量与整合程度的提升 ………………… **80**

5.1　营造和满足学习需求，形成学习共同体 ………………… **81**

　　　5.1.1　宣传终身学习理念 ……………………………………… 81

　　　5.1.2　满足不同群体学习需求 ………………………………… 85

　　　5.1.3　构建学习共同体 ………………………………………… 88

5.2　提供社会公共服务，弥合阶层分化带来的落差 ………… **91**

　　　5.2.1　纳入公共服务体系 ……………………………………… 92

　　　5.2.2　弥合不同阶层落差 ……………………………………… 94

5.3　整合不同群体，吸纳各类主体参与 ……………………… **97**

　　　5.3.1　整合不同阶层的群体 …………………………………… 98

　　　5.3.2　整合不同年龄层的群体 ………………………………… 101

第6章 互信与互惠：道德密度与利他行为的增强 ·········· **105**

6.1 以社区教育为平台，建立社区内部的群体规范 ·········· **105**
6.1.1 区域协商议事的非正式制度 ·········· 106
6.1.2 居民的自主运作与自我组织 ·········· 109

6.2 强化居民身份认同，建立社区互信网络 ·········· **113**
6.2.1 强化成员间的身份认同 ·········· 113
6.2.2 扩大社区成员互相信任的网络规模 ·········· 117

6.3 建立互惠利他关系，构建社区共同体 ·········· **119**
6.3.1 增强社区共同体意识 ·········· 120
6.3.2 社会组织和志愿者的参与 ·········· 124
6.3.3 参与者和组织者的角色互换 ·········· 128

第7章 规训与习得：集体意识的建构 ·········· **133**

7.1 意识形态的输入 ·········· **133**
7.1.1 意识形态的氛围营造 ·········· 133
7.1.2 各类大型活动和仪式 ·········· 135
7.1.3 价值观的影响 ·········· 135

7.2 行为习惯与思想的规训 ·········· **137**
7.2.1 生活习惯的改变 ·········· 137
7.2.2 行为和思想的成效检验 ·········· 139

7.3 现代生活方式的习得 ·········· **140**
7.3.1 提供适应现代生活的理念 ·········· 140
7.3.2 提供现代城市的休闲生活方式 ·········· 142

7.3.3　提供健康正确的科学观念 …………………………… 143

第8章　社区教育的社会意蕴及其实现路径……………………… 146

8.1　理论层面的讨论：从学习共同体到社区共同体 …………… 146

　　8.1.1　功能定位：与其说是"教育"的，
　　　　　不如说是"社区"的 …………………………………… 147

　　8.1.2　集体意识：认同是建构主观现实的基础 …………… 148

　　8.1.3　社会团结：从陌生人社会到熟人社会 ……………… 149

　　8.1.4　虚拟和现实：生活在真实的社区还是网络的空间？… 150

8.2　实践层面的讨论：社区教育围绕基层社会治理的发展 …… 151

　　8.2.1　管理体制：不是教育部门一家的事 ………………… 151

　　8.2.2　资源分布：越是需要的地区越得不到资源 ………… 153

　　8.2.3　运作机制：民间自发力量的激发 …………………… 155

第9章　结论与展望 ………………………………………………… 157

9.1　研究结论 …………………………………………………… 157

9.2　研究展望 …………………………………………………… 159

参考文献 …………………………………………………………… 161

附录1　上海市社区教育与社会治理情况问卷调查 …………… 172

附录2　与不同访谈群体对象的访谈提纲 ……………………… 182

后　记 ……………………………………………………………… 185

第1章　项目研究背景

参差多态，乃是幸福的本源。

——罗素《西方哲学史》

社会建设初期，我国沿用的是社会管理的思路，从省市到街镇居委，形成了组织架构完整严密的行政网络体系，对应的是计划经济体制下的单位和社区。2011年中央提出"创新社会管理"，将社会管理主导权交给了中央政法委，两年后的党的十八届三中全会将"社会管理"的提法改为了"社会治理"，强调"推进国家治理体系和治理能力现代化"（童星，2018：2）。

社区管理由政府控制主导，而社区治理则是政府部门、社会、公司、社区机构联合提供服务、协调关系、维持秩序、缓解社区问题的综合方式（魏礼群，2019：3）。2015年党的十八届五中全会明确提出"经济社会管理细致化"，随后在《中华人民共和国国民经济和社会发展第十三个五年规划纲要》中，以"强化和创新社会治理"为专门章节，来说明社会管理的具体政策部署。党的十九大报告也明确提出要营造共建共治共享与社会管理的新格局，由此社会治理从理念层面转向了实践层面。

社会治理在国家层面主要体现在制度建设、信用体系、公共安全体系、国家安全等方面，从基层的角度，主要体现在公共服务体系、管理体制、社会动员、社会诚信、意识形态宣传、文明引导、社会矛盾调处、基层党建等多个维度，其覆盖领域非常宽泛，尤其是在基层社区，与公共服务、社会秩序、社会规划、社会关系、公共安全等关联的事务，基本都被纳入其范畴。

全国各地都在基层社区开展了许多治理实验，强调培育社区社会组织，把"输血"型的社区服务变成"自我造血"型的社区服务（李强，2017：3）。与此同时，西方社会也出现所谓的社区复兴（community revitalization），社区成为东西方共同关注的焦点，因为今天各国普遍进入"复杂社会"的形态，社会已经复杂到不再是靠自上而下的层级制就能实现有效管理的程度，于是社区的重要性就凸显出来。

社区教育在欧美最早是以民众教育的形式出现，是对基础教育的补充，同时也是在19世纪工业化进程中提升公民素养、适应现代生活的一种教育普及方式。国内的社区教育一般认为是在20世纪80年代发端，伴随着单位制解体、社区管理功能提升而发展起来，起初是为了应对青少年校外教育，随后发展到全员、全程、全面的教育形式。在终身学习理念逐渐普及的过程中，社区教育蓬勃发展，但在管理体制、运行机制、师资力量、课程内容及开展形式等方面都存在不少障碍，在教育领域其不属于主流的研究范畴，在其他学科如社会学、政治学、管理学更加鲜有关注，在政府的行政体系中经常与成人教育、职业教育混同管理。在社会治理中，从制度层面通常将治理方式分为正式制度和非正式制度，社区教育属于非正式制度中的社区管理与服务的范畴，其可以为社区居民提供一个有利于相互增进了解的群体活动的公共领域，也为基层社区提供了一种缓解基层冲突矛盾的手段。本书试图回答的问题就是，社区教育通过什么方式，在何种程度上为基层社会治理提供了一些助益。显然，社区教育不可能是解决基层社会治理问题的主要手段，只能是众多手段中的一个，而且是比较柔性的非正式制度性的方式，在政府和民众间形成了一片缓冲区，沟通和畅通了一部分意图和想法，化解和缓和了一部分本可以避免的矛盾和问题。

1.1 传统社会管理方式的式微

在人类经验中，"将国民聚合一体的纽带主要有两类：文化链接纽带和政治链接纽带"（张静，2019：59）。显然，宗族和宗教是属于文化链接，而单位和国家是属于政治链接。是人们身边的组织，比如家族、宗族、村社和单位，满足了他们的生活需求，"这些组织比起'国家'更被国民生存所依靠，二者利益攸关，因而关系持久稳固"（张静，2019：61）。

1.1.1 以血缘和地缘为纽带的中国传统宗族社会

中国古代历来是以血缘和地缘为纽带联系起来的群体性聚居的宗族社会。宗族社会治理是由家、房、族、保构成的单元治理（白雪娇，2017：142），本质上是一种责任治理，宗族内部具有高度的互信机制。"修身齐家治国平天下"的传统理念中，齐家和治国常常放在一起，这里的家不是现代意义上的家庭，而是家族或宗族，宗族治理成为中国传统社会的国家治理的根基。到今天，还有许多地名诸如"王家村""赵家屯"等保留了宗族社会痕迹，但由于人口流动的加剧，宗族社会的典型特征已经难觅，只在如潮汕等宗族势力一直较为强大的地区还有踪迹。宗族制度是以家长制为核心、以血缘关系为纽带的社会制度。中国古代社会历来以家族为本位，依附于农业经济体系的宗族制度在中国存在了千年之久，依托农耕生产而长期存在，构建出了传统社会价值体系和政治制度的根基。诸如儒家学说和许多传统社会的伦理观念思想，以及专制体制、社会等级制度，都或多或少与宗族观念和制度有着不可分割的联系。

宗族关系对于传统社会的大多数中国人来说，可能是人生中至关重要的社会关系，生老病死、婚丧嫁娶、职业谋生等，都或多或少会与宗族发生关联。宗法精神成为维系社会结构的纽带和稳定社会的因素，贯穿于古代、近代的中国社会结构之中。小说《白鹿原》中描写了一个典型的宗族社会，居住着白家和鹿家两个家族，宗祠在这里扮演了重要的角色，比如被宗族认可的婚姻，双方是可以将名字写入祠堂的，但地主家的姨太太和长工儿子间的私通就无法被认可了，并且私通的双方会在祠堂里受到鞭挞的私刑。

宗族的社会功能主要体现在经济互助、维护宗族伦理、稳定社会秩序、维护族众利益等几个方面，伴随社会、经济、文化、政治等多方面的变革，宗族的功能逐渐弱化，只在部分地区仍有较强的宗族势力残留。

自明清以后，到民国之前，中国社会家国同构，乡村层面基本靠乡绅自治，乡绅是宗族社会的核心人物。中国社会虽然自秦以后逐渐形成中央集权，但在乡村基层却一直有乡绅治理的传统。民国时期，宗族社会的形态逐渐被打破，县政府成为地方行政的核心组织，县以下还增设区署机构、建立保甲制度，形成多层次的地方官僚体系（刘珊，2016：3）。当时的民国政府在地方的行政职权日益扩张，对于社会团体和民间组织进行大力的清理和整顿，随着人口流动和教育普及，传统地方精英势力日趋瓦解，并失去旧有的权力和身份，乡绅自治连同宗族社会逐步消亡。

1.1.2 以政治权力为核心的单位制与户籍制

五四运动中的"打倒孔家店"是对传统儒家伦理的一次荡涤，新中国成立后破除封建思想，"文化大革命"中的"破四旧"运动又是一次对儒家伦理的冲击。宗族社会逐渐分崩离析，新中国成立后取而代之的是组织体系更为严密、控制能力更加优化另一套人口管理系统，中央政府的管控力从上而下一以贯之。在基层靠什么来管理和控制中国社会和庞大的人口？主要是单位制和户籍制，户籍和居住区域绑定，在计划经济时代这种管理方式被称为"单位制为主，街居制为辅"（柯尊清，2016：10）。

单位制主要控制人们的经济和政治思想层面。由于加入了这些单位，社会成员有了所属的"组织"，他们和公共制度建立了结构性关系，"个体在新的公共体制中获得位置，成为其中的成员"（张静，2019：85）。在计划经济年代，没有就业市场的自由选择，人们的职业一般是天然分配，如占人口比例最大的是农民，农民的职业天然是农民，且后代大概率会承袭这份职业；或者是由国家分配，比如中专技校以及高校的毕业生，工作是按照国家需要，以及家庭背景这个极为重要的个人因素来定的，只是家庭背景同样是自己没法选择的。上述职业选择都是典型的天然社会分层，个人能够改变和选择的空间非常小，想要实现社会流动就变得极端困难。农民离开了农村，很难找到合适的工作，即使到了20世纪80年代，农民外出打工，仍需要原籍地出具证明；城市居民脱离原单位，生存很可能也会发生困难，因为在体制外很难找到维持生计的营生，即使靠打零工或做点小生意挣到钱，也可能因为没有各类票证而无法购买商品。"国民之间及其和国家之间分享相互授权和责任，并依赖这种合作关系共生"（张静，2019：65），形成了一种"我们"的一体性联系，即所谓政治认同纽带。计划经济的特点就是消费商品的计划供应，没有票证，有钱也不一定能买到东西。政治认同纽带都显示出非常强的整合能力，当时人们去单位上班，需要"早请示""晚汇报"，每天都有政治思想的学习和交流，这在统一思想、加强组织凝聚力方面有着重要作用，与西方的宗教生活非常相似。也因此，现在生产单位劳动已经成为公共管理体系或者是政府行政管理系统的重要组成部分。而政府的治理对象，从实际上看，是单位而非社会大众，政府通过单位来管理社会，政府的工作是对组织而不是对个人的，普通人能够获得权益的可能性，与其拥有的级别、地位、资源和能力有关。"单位为主，街居为辅"的管理模式下，没有单位的社会闲散人员、退休人员、解除劳教人员等就归到街居即社区里去了，社区管理的对象就多半是处于社会主流生活之外的边缘群体了。

户籍制主要管理人们的生活层面。户籍制通过天然的社会分层把人们分为两类群体，即农业户籍和非农户籍，这两个群体是不能随便流动的。在农村，农民的主要职业自然就是务农，想要转换为非农的渠道非常有限，一般只有考大学和婚姻二种，在城市务工和当兵也都有机会，但必须做出很大的努力。农村并没有政治单位，但乡集体的生产大队和人民公社却肩负着单位的重要角色，掌管着村民的经济基础和政治思想，同时也掌管着他们的日常生活。在城市里，由于户籍制度的推行需要依赖基层社会的乡镇或者居委会，记录人口数、走街串户、发动会议等是居委会工作人员的日常职责。在计划体制下，他们的工作和村民小组具有密切的关系。居委会工作人员对每家每户都了如指掌，其掌握能力、组织能力和发动能力都相当高。在规模较大的国企、工矿、部队大院，生产、经营和生活常常是融为一体的，单位同生活区自成一体，幼儿园、学校、理发店、小卖部，各类生活所需一应俱全，封闭性更强，控制也就更为有力。

1.1.3 以信仰和仪式为载体的宗教活动

西方社会没有宗祠，一般也没有建立起如我国古代的强权政府，主要依赖宗教的力量。正如涂尔干所认为的，宗教之于人们的影响，不仅仅在于信仰和行为，更重要的是仪式。无论是原始的宗教，还是现代宗教，仪式以及附着在仪式上的各种群体性活动和组织，才是宗教的本质（涂尔干，

2006：86）。这是因为我们需要群体生活，需要群体认同，需要成为群体一分子的安全感。宗教树立起一个大家都崇拜的神，创造了一种可以定期活动的宗教场所，规范了人类的行为准则，也界定了社会道德的界限，而人类都需要群体的生活、统一的道德规范、行为的边界，所以宗教是组织人们日常生活的重要形式。

从中世纪的政教合一，到后来的宗教改革，宗教仪式以及活动大多是以群体性活动来呈现的。如同中国古代，祠堂是中国人祖先崇拜的祭祀活动场所，也是举行红白喜事和实施宗法规矩的地点，教堂也承载了类似功能。走在欧洲的许多小城里，总是会发现社区的中心位置一般是座小教堂，它是社区居民进行婚丧嫁娶、礼拜祷告的场所，也参与着有关人际关系调整、青年男女交往、信息沟通等多方面的社会性事务。

在人口流动加剧、文化多元发展、科学思想普及的背景下，许多欧美小镇也难以维持以前靠宗教和教堂来维系稳定社会秩序的社会格局，取而代之的是一些非政府组织和社会团体。在大城市里，个体的原子化倾向更为显著，因为今天人们的群体生活开始转向虚拟社区，即由互联网构建起来的社交圈子。

1.2 当前基层社会治理面临的困境

在城市治理中要解决三个核心问题：公共产品均衡的有效供给、维持社会秩序稳定、促进社会关系和谐（魏礼群，2019：298）。在我国社会转型的背景下，人口流动速度加快、社会资源配置不均衡、社会矛盾日益尖锐、群体利益诉求分化、社会自组织能力迅速发展等都对传统治理方式提出挑战。

如今城市基层社区大体可以分为三类：第一类是"单位社区"，比如计划经济时代遗留的厂矿大院或单位家属楼，一个大院往往就是一个社区，同一个单位的职工都住在同一个院里，人与人之间同质性较强，这类社区带有单位福利的色彩，目前从数量来看是越来越少的。第二类是"胡同里弄社区"，一般是由几条街道围成的一个老旧小区，比如上海的弄堂、北京的四合院等，居民来自不同的单位，但所处阶层比较相似，相对狭小的居住空间、厨卫合用的生活环境、长年累月的共同生活，造就了一个熟人社会形态。第三类是"物业社区"，居民通过市场化购房聚居到一起，往往异质性较强，也比较容易形成"陌生人社会"，这类社区是目前城市社区的主体（李培林 等，2008：894）。以上几类社区都有一个共同特点，就是社会参与的力量和程度较弱，社区建设可以走多样化的探索道路，但根本的一点是要营造归属感、满意度、安全感和参与性。在基层社会治理的过程中，结构性风险滋生蔓延，"社会结构高度紧张，传统结构、制度规范和价值观念在解体，而新的尚未建立"（赵萍，2014：60），冲突加剧、利益分化、体制摩擦不断，形成了诸多困境。

1.2.1　社会人口流动带来的基层社区控制力下降

在计划经济体制下，靠严格的户籍制和单位制控制住人们的生活物资，进而限制人口自由流动；在市场经济环境下，人口流动加剧，淡化户籍制度已成必然趋势，减少城市壁垒和人口迁徙的障碍，是城市经济发展的前提和基础。许多社会成员失去了原有的公共身份，比如国企下岗、中年失业，但他们难以通过原来的组织路径获得权益的实现，很多矛盾无法得到解决，社会不公正感就会积累。基层社区的许多矛盾会向着政治化的方向演进，主要表现为："在社会冲突案例中，个人事件容易转化为多人参与的群体事件，法律对抗容易转化为针对公共机构的对抗；大量主动卷入冲突中的个人，对事件结果并无直接利益关系。"（张静，2019：76）

针对上述问题，主要有收入差异论、地位不平等论、社会结构固化论等不同的解释。但在基层社区来看，人们"通过上访和制造事件要求仲裁，意在引发国家干预解决问题"。同时，"以单位为中心的社会治理体系的效能正在瓦解中"（张静，2019：4）。新形势下的社会治理，还存在着人们希望掌控人口动向的传统思想定势，和更实际的人员管控问题之间的矛盾冲突。当前的社区管理组织化结构发生了巨大的转变，正由单位社会进入公共社会，在社会治理上的思维也面临转型。

当人们遇到问题不能解决的时候，尤其是现有的组织通道和社会渠道不畅通的时候，容易引发群体性的公共事件，用群体暴力手段来达到利益诉求的目的。在互联网兴起之后，网络又成为进入公共领域解决问题的快速手段。基层社区在面对各类舆情、社区难题之时，能做的非常有限，这是由其在社会体系中的位置决定的。基层社区很难在个体和政府间承担起协调和沟通的责任，往往只是头痛医头、脚痛医脚，没有起到社会平衡器的作用，很难有效解决社会问题。

1.2.2 社会组织关系改变带来的基层社区组织力削弱

社区居民的日常生活同居委会和单位的联系在逐渐弱化，消费不再需要票证，外出不再需要户籍所在地的证明，人们与单位、企业、公司一般来说只是雇佣关系，社区也就只是居住地了。尤其是年轻人聚居的社区，他们的消费、娱乐往往是通过市场自行解决，对社区的依赖度不高。社区如何动员和组织其成员呢？居委会干部经常苦恼于"群众越来越难以管理，干部说话没有威信"。单位社会的衰落，意味着社会组织化结构出现了巨大变化，许多人失去了在原有社会结构中的制度性身份，同时，适应新的公共社会的沟通机制尚未很好地建立，而组织通道的平等对于基层社会治理具有重要意义。

许多社区举办了不少公益性质的文化教育讲座和活动，多半是中老年人参与。年轻人忙于工作，即使选择文化娱乐或教育培训消费，对品质也有一定要求，市场上能提供的选择面也更广，他们的消费能力能够支撑其实现自主和多元的决策，社区组织的活动对其缺乏吸引力。居委会在法律界定中属于基层社区的群众自治组织，居民的需求如果能够通过自由选择在市场或社会上得到满足，政府便不必也无须介入。而社区中处于底层的群体，才是政府公共服务需要首先满足的群体，因为他们缺乏能力去自主获取资源。

当人口可以自由流动，物资可以自由流动，人们便不再有求于社区，也无须受制于社区提供的福利和对人口的管控，除非出现战争或非常时期的静默和物资管控，大多数人是不会将生活焦点放到社区的，因此在计划年代常用的动员方式在今天多半是失效的。在今天的中国社会中，个人和政府间的沟通通道常常是断裂的，如果保留一部分基层代理、代表和协调的职能，基层的矛盾和问题就可能化解。而一旦碰到如疫情到来后的封闭管理，原本不依赖社区的居民全部隔离在居住场所，要解决各种生活问题，基层社区面临的压力就会陡然增加，面临超负荷甚至崩溃的危险。

市民的社区生活与工作、消费、娱乐不再紧密相关，居委会干部也不能随便干涉居民的家庭生活，社区动员居民来为社区活动贡献力量的可能性越来越小。动员力减退给社区工作带来了难度上的提升，但这是建立在传统工作方式上的，换言之，如果传统的社区工作方式不转变，在今天的社区管理中必然碰钉子。

1.2.3 人口结构变化带来的老龄化和少子化问题

某个国家或地区进入老龄化社会的标志是，六十岁以上老年人口占人口总数的10%，或六十五岁以上老年人口占人口总数的7%。按第七次人口普查数据，我国六十岁以上人口达到 2.64 亿，占总人口的 18.7%；六十五岁以上人口达 1.9 亿，占 13.5%，远超上述标准。从 2000 年开始，我国就进入老龄化社会，未来几十年，老龄化程度将持续加深。目前中国事实上已成为全世界老年人口数量庞大、老龄化速度较快的国家之一。预计 2035 年前后，我国老年人口占总人口的比例将超过四分之一。

导致老龄化的原因主要是预期寿命延长和生育率低下，生育率低下导致的少子化问题与老龄化是一体两面。党的十八大以及"十三五"规划纲要都对人口老龄化趋势下加快建设社会养老服务体系、发展养老服务产业等提出明确要求，以积极应对老龄化问题。2016 年，中共中央总书记、国家主席、中央军委主席习近平日前对加强老龄工作作出重要指示强调，有效应对我国人口老龄化，事关国家发展全局，事关亿万百姓福祉。要立足当前、着眼长远，加强顶层设计，完善生育、就业、养老等重大政策和制度，做到及时应对、科学应对、综合应对。

上海先于全国迎来深度老龄化，社会各项事业所面临的挑战更为严峻，第七次人口普查结果显示，按常住人口计算，上海 23.4% 的人口是六十岁以上老年人，如果按户籍人口计算，这个比例将超过三分之一，老年人口已成为上海未来城市发展的重要现实基础，提升老年人的生命质量与生活质量，已成为关系上海作为特大城市稳定、繁荣发展的重大战略问题。

在基层社区，面临最大的是一老一小两个问题。随着老龄化加剧，中心城区的社会治理中，老年人群越来越成为主要工作对象。主要原因，一是人群数量多，中心城区的老龄化比例最高可以达到四成以上，尤其如上海黄浦、静安等老城区，老年人成为社区主体；二是老年人大多沉淀在基层社区，退休后回归社区，其活动空间和时间多局限在社区，自然许多问题也就在社区产生；三是基层社区的主要工作对象是老年人，在职人员的大部分活动在公司、企业、单位等职场内，与社区发生联系较少。而基层社会治理中面对的老年群体问题主要表现为：一是个体层面的，比如低收入家庭、空巢老人、失能失智老人的养老、看护、就医、餐食、精神慰藉等问题；二是家庭层面的，比如家庭成员间矛盾、邻里间矛盾等；三是文化教育层面的，比如老年人对休闲文化娱乐、学习新知识、掌握新技术的需求在近年来显著提升；四是社会交往层面的，比如寻求群体活动、结交新朋友等；五是组织层面的，比如不同群体、团队、组织间的冲突等。

少子化和老龄化如一枚硬币的两面。第七次人口普查的数据显示，2020年出生人口1200万人，总和生育率（平均每对夫妇生育的子女数）是1.3，即平均每个育龄妇女生1.3个孩子。上海2020年0—14岁人口为243.63万人，占当地总人口数9.8%，相对65岁以上老年人口，少了近一半。从图1-1可以看到近几年来新出生人口数迅速地下降，2016年由于刚出台二孩政策，出现了一个小的回升，但很快这种补偿性生育趋势就又快速回落了。2021年开始实行三孩政策，并取消了社会抚养费，事实上是全面放开了生育管控，部分地区如四川攀枝花率先出台生育奖励政策，但可以预见的是，生育率并不会迎来显著提升。

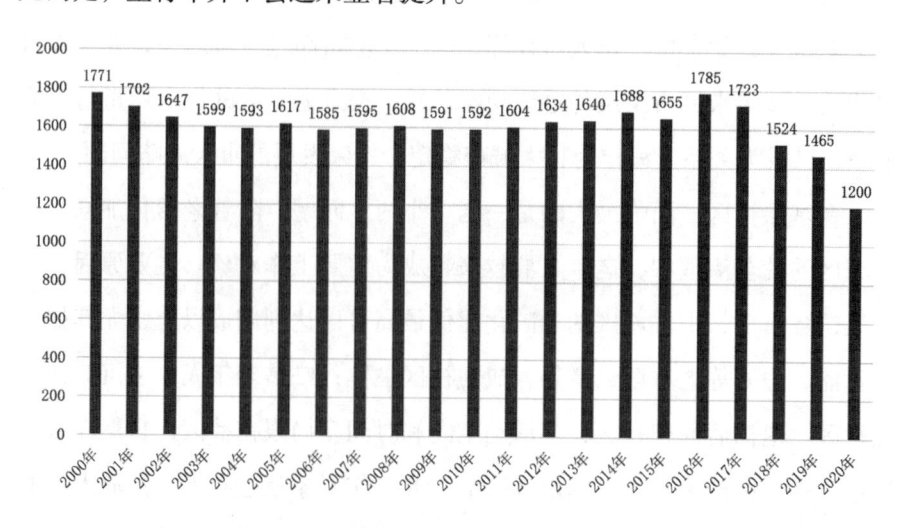

年份	出生人口（万）
2000年	1771
2001年	1702
2002年	1647
2003年	1599
2004年	1593
2005年	1617
2006年	1585
2007年	1595
2008年	1608
2009年	1591
2010年	1592
2011年	1604
2012年	1634
2013年	1640
2014年	1688
2015年	1655
2016年	1785
2017年	1723
2018年	1524
2019年	1465
2020年	1200

图1-1　中国历年出生人口图（单位：万）

（资料来源：历次人口普查数据）

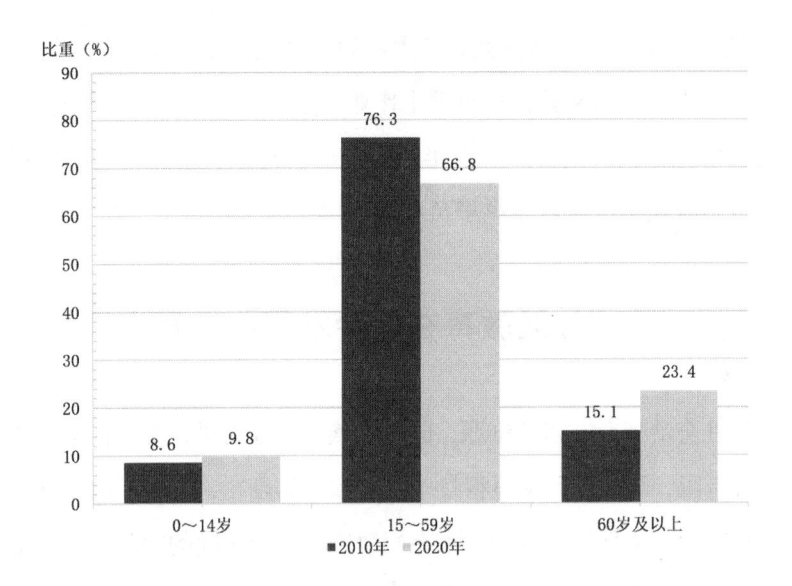

图 1-2 上海人口结构对比图

（资料来源：第六、第七次人口普查数据）

基层社区同样面对"一老一小"中"小"的这个方面，在20世纪八九十年代，计划生育工作的重点就落在基层社区，各街道镇有专门的科室和工作人员，居委会干部也有相应的工作职责。近年来，随着国家计划生育委员会的撤并，基层社区计划生育工作人员的职能发生了巨大转变，从宣传和实施节育，转向了鼓励生育。在社会控制的手段中，惩罚性方式比较容易被指标化，也能在政府强力的推动下获得可见的成效；鼓励性方式多以宣传教育为主，很难做具体评价，成效也未必显著。此外，随着人口流动的加剧，基层社区还要面对外来人口的生育、民工子弟的教育等问题。同时，由于家庭离异、父母犯罪、家庭矛盾等导致的青少年问题也一直是社会治理的主要难点。

中山大学社会学教授侯佳伟的研究显示，妇女生育意愿和孩子是否有人照顾直接相关。在针对退休年龄延迟的一项网络调查中，有年轻的被调查者提到，如果退休年龄延迟，那么自己的父母很可能无法在50多岁或

60岁起为自己带孩子，那么就会考虑延后生育或少生不生。教育部出台的《关于进一步减轻义务教育阶段学生作业负担和校外培训负担的意见》中，要求延长学生在校时间，从三点半到五点半，与家长下班时间基本持平，其用意也是减轻父母对养育孩子负担的恐惧。

1.3 社区教育在社会发展中的意义

基层社会治理存在诸多难题，同时宗族等其他力量在当今社会的作用和影响十分有限，行政手段又显得过于宏观和"僵硬"，是否可以让社区教育作为一种相对"柔性"的手段，来充当政府与社会之间的一条"缓冲带"？至于具体以什么样的形式和路径来实现这个目标，将在下文予以分析。

1.3.1 作为维稳辅助策略的社区教育

对于社区教育的发端，目前绝大部分意见是认为从上海普陀区真如中学在1986年成立的"社会教育委员会"开始的。时任校长叶立安在当时试图探索在青少年学生中开展校外教育的试点，于是走了一条"教育社会化"的道路，将学校所在社区的许多单位、企业的资源纳入进来，为青少年校外教育提供助益。"教育社会化"很快就走向了"社会教育化"，基层社区发现除了青少年教育可以借助社区资源，社区内各类人群的教育问题也可以被纳入进来，尤其是20世纪90年代改革开放后，经济发展加速，人口流动加剧，社会结构分化，出现了上文中提到的诸多基层社区不得不面对的困境，于是社区教育的对象中开始出现外来人口、个体户、退休老人等社会群体。这些群体相对来说大多属于社会的中下阶层，部分人群被社会经济改革和时代发展边缘化，或者尚未融入城市生活，此时的社区教育开始承担更多社会功能，一方面是针对社区不同人群进行教育培训，另一方面也看到了文化教育对于基层社区消弭居民矛盾和充当社会减压阀的功效,在某种程度上对基层维稳有一定的辅助作用。

在笔者采访的曾经在教育领域工作过的行政领导中,不少人对于20世纪90年代到21世纪初的社区教育发展,首先提到的正是其对于基层社区维持稳定工作的一种辅助作用。回过去看二十多年前的中国社会,当时的社会矛盾可能比现在更为激烈,国企改革、工人下岗、外来人口拥入、老龄人口开始增加,这些因素都导致了基层社区承受着巨大的压力。时任总理朱镕基在视察大连时,对当地居委会干部说:"你们是大街小巷的'总理',你们的工作联系着千家万户,做到了严密、细致、周到、体贴。"由此,"小巷总理"成为居委会干部的代名词,上面千根线,底下一根针,可见基层社区在社会转型时期面对的社会问题尤其突出。因此,当时上海就出现了一些社区举办的面向某个群体的"专门学校",比如1994年3月,上海长宁区创办周家桥街道"外来人口学校",5月,徐汇区成立"个体户家长学校"。这些"社区学校"不同于传统意义上的中小学,是面向社区中的某些特定人群,比如外来人口学校主要是面对刚刚进入城市打工的务工群体。教学内容一方面是技能类培训,帮助其快速掌握一些简单的技术能力,为当地企业提供劳动力,其中有很大一部分是针对外来媳妇,直到近几年在城郊或城乡接合部的街镇社区学校里,仍会有针对外来媳妇的培训课程,她们的丈夫多从事建筑、装修等体力工作,针对这些外来媳妇的培训课程多半会提供一些诸如编织、手工等培训内容,方便其灵活就业以贴补家用;另一方面是社会融入方面的培训,包括语言、行为方式、生活习惯等,沪语教学在许多外来人口集聚的社区非常受欢迎。在20世纪末不少初到上海的农民工可能连红绿灯、斑马线都无法分辨,所以当时上海提出所谓的"七不"规范,其中的"不乱穿马路""不随地吐痰""不乱扔垃圾"等现在已很少提及,但当时乱穿马路、随地吐痰、乱扔垃圾等确实是普遍存在的行为陋习。类似这样的课程极大程度上满足了特定群体的职业和生活的需求，同时也帮助其更快融入当地生活，减少不同人群间因为文化、语言、生活习性上的差异而引发的冲突。

1.3.2 作为市民休闲文化补充的社区教育

在满足了部分特定人群的教育需求和解决当地社区的现实问题之后，社区教育就逐渐向着更广泛的对象群体拓展。20世纪90年代，当时的上海南市区首先建立了小东门街道社区教育中心，2000年以后上海各区逐渐成立了区级社区学院，在街镇多依托社区文化中心建设社区学校，在居村层面依托居村活动室建设学习点，形成了所谓的社区教育三级网络。在基层社会治理中，其面对的对象历来是以社会边缘群体、弱势群体为主，比如20世纪90年代出现的大量下岗失业人员、外来务工群体，以及老龄化社会背景下的中老年群体，这是社区工作的属性所决定的，尤其是在市场经济环境下，大部分群体直接通过市场和社会获取各类资源，他们与社区发生联系的可能性就非常小，而弱势群体一旦需要获得政府救济、资助或其他资源，他们与社区的联系往往就会更为密切。无论是有或没有社区教育出现的年代，社区里组织的各类文化、娱乐、休闲活动，以及各类卫生、宣传等居委会组织的项目，老年人往往是参与的主要群体，一方面是受限于经济能力，老年人很难承受或舍不得以市场价格来进行文化娱乐方面的消费，社区提供的廉价、公益的活动项目恰好成为他们的选择，甚至在举办某些讲座时社区会通过发放小礼品的方式吸引居民参与，吸引来的多半也是中老年人；另一方面是老年人在退休之后，时间成本相对较低，有时间参与社区活动，至于这些活动的内容质量和形式有时候倒未必是最重要的。

如上文提到的，在20世纪90年代末之后的十多年时间里，基层社区经常需要面对的一项考核是维稳，而稳定的重要标志是当地没有群体性事件和上访人员。群体性事件和上访的起因多是利益冲突或居民诉求没有得到解决，解决的正面渠道肯定是从民生入手，但社区教育作为辅助工具也被广泛利用，一方面是利用其作为宣传工具，比如在部分老旧社区的拆迁过程中对居民进行政策宣传，以减少由于信息不对称造成的误解，或者是对政府推行的项目进行宣传讲解，比如垃圾分类的科普；另一方面是利用其文化休闲属性，填充居民的空余时间，尤其是中老年人的退休生活。如果说广场舞、公园晨练是中老年人自发组织的，社区教育就是政府组织的文化休闲活动。教育领域经常讲：多建一所学校，少建一所监狱。从这个意义来看，社区学校也有类似的作用，即以休闲娱乐填满了人们的业余生活，尤其是那些缺乏经济能力但有大把时间的中老年人。笔者不止一次在采访中听到社区干部提到过，社区活动的意义在于"搞活动"本身，也就是各种活动尽量让居民都参与进来，而"参与"的过程就是在减少社会戾气，降低冲突发生的概率。当笔者看到上海疫情封控两个多月后接连出现的暴力伤害事件时，很自然地又想到了上面这一点，长期离群索居、处于封闭狭小空间、缺少阳光照射的生活，肯定不是群居动物属性的人类所应该有的模样，也肯定会造成部分个体间精神层面和社会问题层面的冲突。

我国在2001年加入WTO后，经济发展有了明显的提速，而当地经济状况的好坏常常决定了人们对精神文化需求的高低。对社区教育的重视程度也同样如此，在民生问题尚难以得到解决的时代和地区，被视作"唱唱跳跳、玩玩闹闹"的社区教育很难得到重视，而经济发达地区的社区教育相对来说会发展得更快。但是一旦经济发展陷入停滞，社区教育多半是首先被边缘化的项目。"物质决定意识"，所以解决吃饭问题永远是排在第一位的。在解决物质基础问题的前提下，社区教育才会被看作是解决部分社会问题的一种手段，多半还是补充手段。

1.3.3 作为群体生活公共空间的社区教育

近十年的时间里,社区教育在国内大部分省市都有了不同程度的发展,经济发达地区有财力支持,对于精神文化生活需求更多,社区教育自然也就发展得相对更好一些。上海从市到区、街镇、居村,建立了社区教育四级网络,居住在中心城区的上海市民基本在十五分钟左右都可以步行到相应的活动场所参与课程和活动。笔者从2008年起在上海的区级层面从事社区教育工作至今,根据笔者的观察,社区教育和其他所有教育形式最大的不同是,教育对象的学习诉求不一样。国民教育体系中,无论是中小学还是高校,包括成人学历进修,学生的诉求都是尽快完成学业;而社区教育中的学员不希望尽快完成学业,甚至希望永远不要毕业,他们的诉求除了学习知识技能外,更为重要的是在学习中获得人际交往、自我实现的群体生活。社区教育如同义务教育一样,是公平普惠的。义务教育更重视知识技能的传授,不过中小学生之所以要进入学校接受教育,而不是在家通过网络或个人所办私学的方式来接受教育,也是因为群体生活之于青少年的社会化成长非常重要。社区教育更是如此,尤其是中老年人,无论是唱歌跳舞,还是书法国画,技能上的长进已经不求达到专业水准,多以自娱自乐、怡情养性为主,社区教育提供的群体生活空间才是他们更为看重的。

在疫情期间,上海的大部分社区学校、老年大学都采取网上教学,但一方面部分课程不适合网上教学,比如合唱、舞蹈,另一方面就是上文所讲,老年人渴望的群体生活是无法用网络来替代的。反观中小学的线上教学同样存在类似问题。2019年,上海老年大学每个学年有两万多人次的学员,笔者所在的普陀区也达到一万人次,且逐年递增,部分课程的供应已无法满足居民需求。在老龄化不断加深、独居老人不断增多的大背景下,社区教育提供的公共活动空间,成为应对老龄化、精神养老等问题的重要载体。关于这个问题的论述,下文将有独立章节重点展开。

第 2 章 文献回顾

2.1 社区教育及其相关概念

任何研究都需要对相关概念进行梳理，与社区、社区教育相关的概念繁多。首先，本书对社区的界定，认为它是一个具有实体边界的社区，以虚拟形式或线上方式构建的社区不在本文的讨论范围之内；其次，本文重点关注社区中人与人、人与组织、组织与组织之间的关系，因此更加注重于社区作为共同体的特征；最后，本书将社区教育作为社区的一项重要功能。本书对社区教育的讨论更多地从社区而非教育的角度来展开，并且将终身教育、老年教育等相关概念纳入考察的范围。

2.1.1 社区概念

不同学者统计的社区定义皆说法繁多，1955 年美国社会学者希勒里统计的社区定义有 94 种，1981 年美籍华裔社会学者杨庆堃统计有 140 多种。

国外的研究中，对社区定义主要分为三种，第一种侧重对地理空间和有形结构的描述，比如帕克提出的"个人与社会制度的地理分布"，麦其维的"任何共同生活的地区",都在描述有形的社区地界区域;第二种侧重心理过程与交互,比如霍利的"居民相互关联、参加日常集体生活",格林的"居民生活中相互关联与互相依赖的网状体",布斯顿的"人与人之间的相知",爱丁顿的"人类天生喜欢聚集在一起的群体生活",都是从人际关系和交往的层面进行定义;第三种侧重组织行为和社区功能,比如华伦的"社会单位级体系的联合体",布鲁若的"共同的利益和需要以及自行谋求解决的途径",是以功能主义的视角来观察社区的运作与组织。

国内研究者对于社区的定义大多要追溯到著名社会学家费孝通,即"以全盘社会结构作为研究对象,对象必须是具体的社区,人们的生活有时空的错落"(沈关宝,2007:38)。不过各类定义侧重点各有不同,部分概念侧重社会关系在社区中的重要性,如陆学艺教授提出社区是社会的基本单位,社区只能够以间接互动的方式,为人们参与社会共同生活提供单方面的机会,很难像群体或组织那样满足人们有限的需求。另有部分定义则强调了地域与有形结构概念,如何肇发教授提出"社区就是区域性的社会"。更多见的是综合性的系统定义,如吴铎教授指出的"地域性社会生活共同体"等。

2.1.2 社区教育概念

社区教育的定义同样非常繁杂,在表述时大致上可分为侧重于教育和侧重于社区两大类。国内对于社区教育概念表述从理论和实践层面来看,都更偏向教育,大致可以概括为以下几点:从体制上来讲,社区教育大部分是政府统筹、社会参与、紧密结合、协调发展;从管理机制来看,社区教育是学校、家庭、社会三方共管的产物;从模式来看,社区教育是教育社会化、社会教育化、学校社会双向结合的立体形态;从组织结构来看,社区教育以社区为依托,为满足社区成员精神文化需求、提升文明素养,构建起了一整套教育体系；从教育形式来看，社区教育多以文化休闲、健康养生等课程为主；从办学目的来看，社区教育致力于构建区域终身教育体系，满足社区内居民的教育需求。

狭义的社区教育概念，从目的和内容上来讲，主要是针对学校教育的补充，即真如中学开创社区教育之初的目标——青少年校外教育，从对象和范围来看，主要面向社区青少年，局限在普通教育范畴内，没有拓展到其他人群和领域，且主要由教育行政部门主导。

广义的社区教育概念，将社区教育看作是终身教育的一部分，看作是社区建设的一部分，是为提升社区成员整体素养、促进社区和谐有序发展而存在的。其目的在于构建社区的终身教育体系和满足社区成员的精神文化需求，在对象上不仅仅是青少年学生，而是社区全体成员，且政府只是主体之一，社区的其他组织、机构、团体以及个人，都可以且应该参与进来。

这两种取向的社区教育概念，狭义的概念在20世纪80年代刚刚发端时比较流行，作为校外教育的一种形式，这样的理解有其时代局限性；随着社区教育的实践发展，广义的概念则在20世纪90年代逐渐流行起来，并取代了前一种观点成为主流观点。本书所取的是较为宽泛的社区教育概念，但其中不包含国民教育体系，即中小幼、高等教育等学校教育形式，而是除此之外的所有满足市民精神文化需求的教育形式，且不特指课堂教学，也包括各种活动、展演等不同形态，都可被纳入社区教育范畴。

从上述定义的角度来看，社区教育和其他类型的教育，尤其是学校教育，有着非常明显的不同，主要体现在"教育目标、教育对象、教育形式"（李佳萍，2014：25）这三个方面。学校教育有特定的教学目标，比如升学的压力，有特定年龄段的学生，也有比较固定的教学方式，以课堂教学为主，但社区教育在这些方面基本都没有特别的限定。社区教育强调"全员、全程、全面"，强调影响范围的区域性、形式的多样性、资源的整合性，这些都是区别于学校教育的地方。

社区教育经常和成人教育、职业教育被放在一起讨论，因为在教育部的行政体系内，社区教育归属职业教育与成人教育司管理，在地方的教育局内一般也由职成教科管理。成人教育和职业教育其实是学历教育的延续，严格意义上并不属于或囊括社区教育，这三者应该是并列的范畴。

2.1.3 终身教育、学习型社会和老年教育

终身教育或终身学习这一概念，与社区教育的关系非常密切。从概念的所指范畴看，终身教育涵盖的内容更多，可以模糊地称之为囊括"从摇篮到坟墓"的全部教育形式。1965年12月，朗格朗在联合国教科文组织第三次促进成人教育国际委员会上的学术报告中第一次提出终身教育理念，其后教科文组织相继发表多个报告，如《学会生存：教育世界的今天与明天》《成人学习汉堡宣言》《终身学习政策比较研究》等，提出并阐述了终身教育、终身学习、学习社会等一系列理念和主张，推动终身教育和终身学习成为全球性教育思潮。1976年，联合国教科文组织《关于成人教育发展的报告》，把终身教育作为社区教育的发展理念。将终身学习提高到人权的高度，其目标就是希望利用这一项具有影响力的运动去导引人类的未来（杨彬，2009：35），并将终身学习视为解决现有教育制度各种问题的良方。

终身教育主要是指"人在一生中所需要的知识、技术，包括学习态度等应该如何被开发和运用的全过程"（吴遵民，2010：29）。在实际指代中，特别在中国大陆的话语系统中，终身教育一般特指国民教育体系以外的教育形式，即除去学前教育、基础教育、高等教育这些学校教育。上海市教委设有终身教育处，其管辖范围就包括了企业教育、成人教育、老年教育、社区教育、非学历培训、学习型社会建设等，与其他教育形式区分开来。

第 2 章 文献回顾

这里出现的学习型社会是另一个不同的概念，这不是一种教育形式，而是国家提出的对社会建设的一种政策导向，回应了联合国教科文组织提出的学习社会理念。随后我国相继发布相关政策文件，2013 年 7 月，中国教科文全委会秘书处、教育部职成司、中国成人教育协会成立"全国学习型城市建设联盟"，发布《"全国学习型城市建设联盟"宣言》《"全国学习型城市建设联盟"章程》；同年 10 月，教育部、联合国教科文组织、北京市人民政府，在首届国际学习型城市大会上发布《建设学习型城市北京宣言》和《学习型城市的主要特征》；2014 年 8 月，教育部、中央文明办、国家发展改革委、民政部、财政部、人力资源社会保障部、文化部发布《教育部等七部门关于推进学习型城市建设的意见》。全国各省市也根据这些中央文件转发相应要求，并在省级、市级和区级层面成立了促进学习型社会建设的行政指导机构。在非常短的时间内，学习型社会建设成了各级政府制定规划和实施政策时的重要考核指标，在某些地区成为上一级政府考核下级政府时的一个打分项。

另一个经常被提及的概念是老年教育。老年教育是根据对象的年龄来划分的教育形式，一般指 60 岁以上老年群体接受的教育活动。在各地老年大学招收老年学员时，通常是指达到退休年龄的老年人，因此女性一般是 50 岁以上，男性 60 岁以上，但在实际操作中也出现过 45 岁左右因特殊工种提前退休的中年人，不过对于中青年群体，老年大学通常是拒收的。老年教育和社区教育、终身教育是联系密切的一组概念，它是社区教育的关键环节，也是终身教育不可缺少的组成部分、学习型社会建设的重要载体。从概念范畴来看，老年教育比社区教育和终身教育都要小一些，但社区教育面对的对象中，老年群体是非常重要且人数占比最大的。随着老龄化程度加剧，老年教育的受重视程度在近几年不亚于社区教育和终身教育，且老年教育针对的人群比较集中，在政策推进和实施上容易聚焦，因此政府近年来对老年教育的投入非常可观。

在寻求解决老年群体的养老问题、健康问题、人力资本再开发问题的过程中，发展老年教育逐渐成为世界性趋势。1982年，联合国首届世界老龄问题大会通过了《老龄问题维也纳行动计划》，将老年人受教育权认定为基本人权，对老年人受教育的权利、原则、方案、措施等做出诠释。1991年，《联合国老年人原则》确立了关于老年人地位的普遍性标准，即独立、参与、照顾、自我充实和尊严。2002年，世界卫生组织健康发展中心（WHO）出版《积极老龄化：从论证到行动》一书，将"积极老龄化"定义为"人到老年时，为了提高生活质量，使健康、参与和保障的机会尽可能发挥至最大效应的过程"。同年，联合国第二次老龄问题世界大会通过了《马德里老龄问题国际行动计划》，提到了"教育的缺乏限制了老年人的谋生能力，是健康与福利的一个障碍"，要更加重视老年人的社会参与、生命质量和生产力等问题。这些都成为推进老年教育发展的纲领性文件，老年教育被作为一项基本人权、一项福利性事业和一项社会可持续发展战略纳入各国的社会发展框架。

以上海为例，作为我国最早进入老龄化社会、且已深度老龄化的地区，其老年教育的兴起，经历了三十多年的探索和发展，在提供便利学习条件、创造良好学习氛围、完善系列学习保障等方面形成了一个涉及众多系统、呈现丰富形式的体系。目前来看，老年人获得知识、进行学习的渠道丰富多元，阅读、社交、旅游、团队、社会活动、互联网、社交媒体等，都给老年人带来了多样化的学习机会，促进了老年人的自主学习和自我提升。老年教育的组织化真正保障了老年人的受教育权利，能有效帮助老年人增强生存发展能力，促进社会参与和全面发展，改善身体健康状况和精神面貌，有效提升生活和生命质量，实现积极老龄化。

2.2 社会治理的概念及相关要素

我国经历了从社会治理到社会管理的思路转变，且在政策和实际操作层面日益受到重视。主体多元、平等参与、互信、互惠、形成共识等要素成为基层社会治理建设的重要变量。

2.2.1 社会治理概念

治理一词早在中国古代的多种典籍中就已出现，如《荀子》中"材技官能，莫不治理"，《孔子家语》中"吾欲使官府治理"等，此时的治理等同于统治，即"民可使由之，不可使知之"，民众是无知的羊群，统治者想的是如何使他们按照自己的意志去行事。从统治的理念转化到管理的理念，是近代才出现的政府职能转变，政府职能从全能到有限，从统治到管理，最后走向治理和协商。

社会管理是我国政府曾经在社会领域主要的管理思路，社会管理概念初步形成于20世纪80年代，90年代被作为一门学科进行研究和探讨。1986年，民政部将"社区"概念引入城市管理，采纳学术界的部分观点，聚焦在基层社区的管理方面，1988年的《国务院工作规则》中提到政府社会职能是"社会管理、公共服务"，但当时处于"以经济建设为中心"的改革开放初期，各级政府部门关注的多是经济而非社会。直到2011年社会管理由政法委主管，原先的综治委改名为"社管委"，开始重视社会管理领域。2013年中央提出国家治理现代化目标，由此把"社会管理"更名为"社会治理"（童星，2018：8）。

从社会管理过渡到社会治理的历程中，社会管理的主导思想是"党委领导，政府负责，社会协调，公众参与，法治保障"（柯尊清，2016：25），政府仍然没有放松对社会的控制力。而社会治理的核心理念是多元主体、平等参与、理性协商、友好构建（陈建领，2018：20），它是维护社会秩序、促进社会公平、协调社会关系、激发社会活力、推动社会进步的实践活动（魏礼群，2019：5）。

社会治理逐渐受到重视和关注，成为中央和地方政府改革的重点。罗西瑙在《没有政府的治理》中提出的"一系列活动领域中虽未得到正式授权、却能有效发挥作用的管理机制"可能是治理理论的源头。区别于"统治"，治理是由共同目标支持的活动，主体未必是政府，也未必依靠国家力量来实现（童星，2018：18）。全球治理委员会1995年发表的题为《我们的全球伙伴关系》的研究报告提出：治理是各种公共的或私人的机构管理其共同事务的诸多方式的总和。它是使相互冲突的或不同的利益得以调和并且采取联合行动的持续的过程。它既包括有权要求人们服从的正式制度和规则，也包括各种人们同意或者以为符合其利益的非正式的制度安排。于是，众多学者都开始认识到治理与统治或管理的区别，且前者具有取代后者的优势，如罗茨认为，治理意味着统治的含义有了变化，治理是一种全新的管理方式，或是以新的方法来统治社会。

欧美学者普遍赞同用治理来替代统治和管理，试图以此来应对社会资源配置中市场和政府常常失灵的难题。但治理本身也绝不是万能的，很难代替国家行使强制力，也无法代替市场来有效配置资源。因此一些学者和国际组织又提出"善治"（good governance）概念，如俞可平曾提出，善治就是使公共利益最大化的社会管理过程，本质特征是政府与公民对公共生活的合作管理，是政治国家与公民社会的一种新颖关系，是两者的最佳状态，也是国家权力向社会回归的过程。国内主要城市的基层治理与制度架构，均形成于20世纪90年代初中期，且以上海、北京、沈阳、武汉等特大城市为代表，形成了行政主导型的上海模式、居民自治型的沈阳模式、合作治理型的江汉模式。这些模式都有一些基本核心特征，包括：管理和服务的重心是居住在相对封闭社区内的人群、自上而下的行政强制性的执行能力、行政体系内对事权和自由裁量权的下放、有限动员的社会模式、强调"技术治理"和单一目标的项目化运作（黄晓春，2014）。从国家和社会两股力量的对比来看，我们可以把这两者作为纵横两个坐标，如图 2-1 所示[①]，从左上角的国家全面掌控社会的社会控制形态，逐步过渡到国家主导对社会进行隐性控制的社会治理形态。

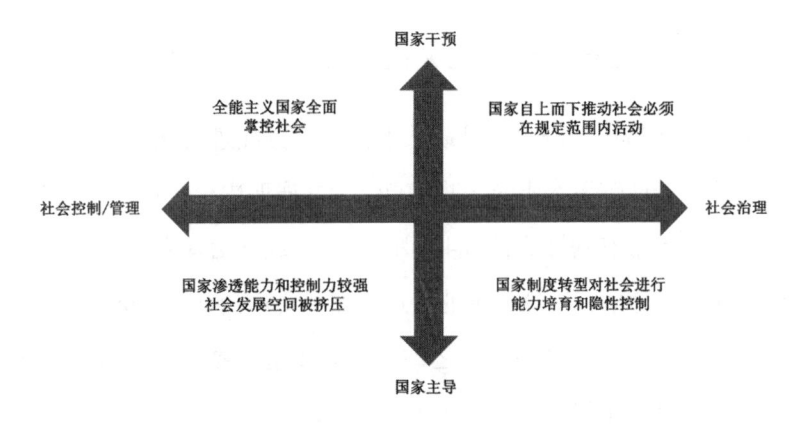

```
                            国家干预
                                ↑
        全能主义国家全面            国家自上而下推动社会必须
        掌控社会                  在规定范围内活动

  社会控制/管理 ←――――――――――――+――――――――――――→ 社会治理

        国家渗透能力和控制力较强    国家制度转型对社会进行
        社会发展空间被挤压          能力培育和隐性控制
                                ↓
                            国家主导
```

图 2-1　国家与社会在社会治理中的力量对比

具体到本书标题中的基层社会治理，从"基层"这个概念在《宪法》中的界定来看，一般是指"居委会、村委会、基层群众自治组织，聚焦以社区为核心的城市基层社会"，这也对应了本研究的主要对象——城市基层社区，纯粹的农村社区在文中基本不涉及，而部分城郊接合部地区也因为城市化进程逐渐被纳入城市范畴中来。因此，基层社会在文中的指代就是以村居为单位的城市社区，从这一点来看，在不少研究文献中，"基层社会"和"基层社区"混用，"基层社会治理"和"基层社区治理"或"社区治理"混用，是可以理解的。这几组概念之间的关系可以理解为：社区

---

① 图参考自关爽.国家主导的社会治理：当代中国社会治理的发展模式与逻辑[D].杭州：浙江大学，2015：59.

治理是社会治理的重要组成部分和突破口，基层社会治理是社会治理的基础，基层社会治理依托城市社区来实现，基层社会治理的落脚点就在城市社区，同时也将"社区之外的组织对社区治理的影响纳入考虑范畴"（柯尊清，2016：23）。本书尽量避免上述不同概念的混用，统一以"基层社会治理"作为核心概念，但在某些场合必须以"社区"来进行指代，否则容易引起歧义，请读者谅解。

2.2.2 基层社会治理的几大核心要素

对基层社会治理的概念，可以从下面几个方面进行认识，这些要素构成了基层社会治理较为本质的一些特点。十九届四中全会提出的人人有责、人人尽责、人人享有的社会治理共同体，正体现了治理主体多元、提供参与平台空间、充分享有治理成果的特点。如果要达到基层社会治理的目标，这些要素应该是必不可少的，反之，若能形成这些要素，也必然会对基层社会治理具有促进作用。

一是主体多元。参与主体的多元化，体现了社会治理的包容性。社会治理从管理迈向治理也要求单一主体（政府）建构向多元主体（政府、社会、民众）建构转型。多元主体参与意味着政府不再是唯一的权威，虽然仍居于元治理的地位，但权力的行使由自上而下的单一向度向双向互动和交流协商转变，参与主体多元的同时，体现出构建伙伴关系、合作共治、责任共担的特点，民众和社会组织广泛、积极、自主地参与社会治理。社会治理的基本要义就是"主体从一元到多元，权力从集权到分权，治理从人治到法治，政府从垂直管理到扁平化服务"（刘珊，2016：8）。自治和共治是社会治理的重要形式，现代社会的生活和人民的需求日益多元，各类诉求和矛盾也日益增长，光靠政府来应对很难适应社会层出不穷的变化，有必要让更多社会主体和公众参与进来，参与感本身也能增加各类群体的认同感和满意度。

表 2-1 基层社会治理从单一主体向多元主体建构的转变①

分析指标	单一主体建构	多元主体建构
基本假设	经济人、完全理性	社会人、有限理性
对待个人看法	消极、反应式	积极、自我反思
对待公民参与态度	提放、控制、排斥	接纳、鼓励、推动
建构过程	封闭、保守、单向	开放、透明、合作、包容
权力运行方式	自上而下	交互式双向、内外结合
建构主体	单一政府	政府主导下的多元主体
市场、社会、公众地位	被动接受、管控	共同合作、参与治理

二是平等参与。多层次的变革正在中国社会各个层面展开，公众参与社会事务的意愿日益强烈，社会治理突出了时代发展的内涵和意义，在社会进步发展的背景下，强调了以人为本的思想和互动协作的方式，强调了平等对话、共识共享的态度，更强调了民主法治原则之下的政府、市场、社会和公民之间的新型关系。从西方社会治理理念来看，其特点是重视政府与社会团体、民众共享权力，重视社区治理，重视市场和社会力量的参与（陈建领，2018：7）。鲍曼认为，秩序具有单一性、稳定性、重复性以及可预见性（鲍曼，2002：84），而社会秩序是"社会得以聚结在一起的方式"（沈筱芳，2017：73），公民的广泛参与是"善治"的重要前提，"公民参与的活力程度是社会自治能力之体现"（李鹰，2012：96），因此整合不同群体参与到社会治理中，形成社会秩序的重构，有助于形成公开透明的社会治理体系。

三是互相信任。中国社科院社会学研究所发布的《中国社会心态研究报告》里提到，中国社会总体信任指数进一步下降，人际不信任范围进一

---

① 表参考自柯尊清. 当代中国城市基层社会治理研究［D］. 昆明：云南大学，2016：20.

步扩大，只有不到一半的人认为社会上大多数人可信，只有两到三成信任陌生人（刘珊，2016：93）。社会资本的累积有赖于社会信任的奠基，只有人与人之间有良好的信任关系，有密切的联系和协作，有高度的责任意识，社会治理才能够实现。

四是互惠关系。从社会管理向社会治理的转型，本身意味着全能型政府向有限政府的转变，政府权力开始归还于社会，公民拥有更多的权利参与基层治理。这是一个互惠规范建立的过程，建立起共建共享的治理机制，对于多方治理主体都有益处。目前在社会治理中存在的诸多问题，与互惠关系的构建不完善直接相关，导致各方在社区中缺乏协调性共识，资源难以整合，利益区域分化，社区关系难以协调，而实现治理主体间地位平等、利益互惠、责任共担，自然对治理效果有着直接影响。

五是形成共识。社会治理的目标是构建共识、共商、共建、共享的治理体制，其中形成观念上的共识要求治理主体能够凝聚在公共利益最大化的集体行动中，秉持公民意识和践行公民责任。现代社会公民意识不断觉醒，公民在参与社会治理中不断成长，构成公民社会发育的前提。大量社区自治组织与活动的出现，为群众的自我教育、自我管理、自我服务做好了铺垫。社会共识成为社会整体的一种信仰，成为"社会群体的联系纽带"和"社会组织的黏合剂"（徐秦法，2007：88-95）。社会共识不同于外在的强力控制，而是通过人的内心和精神层面的影响，达到约束和规范人的行为，进而维护社会秩序的目标。

这些要素中，形成共识是基层社会治理的难点，也是治理目标中最为关键的部分。只有建立在形成共识的基础上，共建共享的机制才能发挥作用，治理的成效才能得到显现。形成共识既是治理的目标，也是治理的手段，在基层社会治理中有着不可替代的意义。

2.3 社区教育与社会治理的相关研究

社区教育方面的研究不可胜数，但比较集中在教育领域，因此重心往往是"教育"，社会治理的研究同样浩如烟海。近几年开始将社区教育与社会治理相关联进行研究，且将关注焦点从"教育"转向了"社区"。

2.3.1 社区教育的相关研究

国内外学者对社区教育的关注点略有不同。国外学者更多侧重在民众教育或休闲文化方面。伯恩斯坦提议社区教育应该把更多的注意力放在大众文化教育上，要把工人吸引来接受教育。伊利奇强调社区教育的非组织化，主张不要用各种正式或非正式的教育资源，来构造所谓的学习网络体系。弗莱尔试图在自己的教学实践中，用他的"文化侵略"理论和人们日常生活中的经验，来探讨社会生活的具体事件和问题，鼓励人们将反思与行动联系起来。

社区教育也常被认为是一种休闲教育，休闲可以被定义为一种社会空间，我们可以在这里改变自我定义，并向他人展现自我定义，朋友和家人之间的亲密关系得以发展。约翰·凯里认为，休闲就是社会现实，休闲是人类作为社会性动物体现出其社会属性的一个重要成分，休闲通过交流将初级群体联结在一起。爱丁顿同样认为，休闲正在成为识别个人身份甚至是识别群体身份的一种极为重要的途径。

国内学者则偏重从教育学理论的角度来看待社区教育。厉以贤认为社区教育是大教育概念，社区教育的内容应该多元化和多层次，社区教育的实质是教育社会化、社会教育化。叶忠海认为，社区教育的作用在于结合区域内的生活与教育，发挥社区成员能动性，形成社区共同发展和社区生活蓬勃向上的全民终身教育体系。黄云龙提出社区教育管理要成为释放社区教育能量的一种组织力量。

目前，我国社区教育的运作模式可简单概括为以街道办事处为中心的政府主导模式、以中小学为主体的学校主导模式、以社区学院为载体的综合体模式、以社区居民自发形成的自组织模式。大部分学者认同社区教育目前的运作主要是依赖政府或带有行政色彩的事业单位来主导，但未来的方向应是让社区、居民和社会组织共同参与，如李政和洪邦辉认为中国应建立由政府主推并逐渐向政府、社会共同组织转变的社区教育的管理体制。

综合来看，不同社区教育模式有三个要素是相通的：作为生活共同体的社区、以人为本的核心价值、实现公平正义的渠道和平台（许义平、李慧凤，2009：2）。具体而言，在现代社会，血缘和地缘的要素尽管被削弱了，出现了由业缘、趣缘关系构建起来的社群，甚至是建立在虚拟空间的网络社群，但社区作为一种共同体的存在形式，仍具有明显的社会性，成员有着稳定的社会和心理的联系，这一点无论在任何时代都能够体现出来。此外，社区也为其成员提供了支持生存和发展的能力，成为协调社区居民个体利益和社区整体利益的平台，达成共识之上的妥协与契约，实现社区和个体发展的公平正义。

2.3.2 社会治理的相关研究

在现实生活中，某个具体的人通常不会表现为纯粹的经济人或道德人，善恶、理性非理性、利己利他的边界并不是那么分明。社会治理需要建立在人性分析的基础上，社会治理的模式选择，正是根据这种对人性的认识而做出的。从社会管理视野向社会治理的转变，意味着在社会治理领域出现了更多具有创新性的研究成果，学者也不再纠结于"社会""社会治理"等概念自身在定义方面的模糊性，转而聚焦于如何创造性地运用理论来解决公共问题上。

在社会治理的研究中，公民治理理论出现于20世纪90年代，以美国学者鲍克斯为代表，是在对新公共管理理论的批判基础上形成的，认为公民参与是公民治理的核心，公民参与公共事务是发挥个人能动性、实现个体价值、维护个人权利的体现。上文提到的善治理论是在对原有治理理论继承的基础上，进行了提升和完善，体现了政府和公民对公共事务的合作管理，是政府、市场与社会的一种新型关系。随后出现的多中心治理理论是对市场与政府在治理失败后的反思，意图在两者之外寻求新的解决方法，奥斯特罗姆发现社区是社会治理中特殊的利益主体，代表了人们实际活动的小中心，故而形成"多中心"，体现了治理主体多元的特点，囊括了政府、市场、非政府组织、公民等不同利益主体。社会治理的功能方面的研究，主要体现在维护社会秩序、防范社会危机；化解社会矛盾、促进社会和谐；激发社会活力、激发各方积极性；推动社会进步、彰显公平正义等方面（魏礼群，2019：12）。

社会治理理论的关注点包括：治理的主体和原因，从政府管理的本质来看，社会治理就在于"维护和增进社会某一共同体的公共利益"；治理的手段和对象，治理理论并没有将政府从其概念中剔除出去，但把政府与其他社会组织并列，都发挥着重要的功能，不仅仅希望政府"多掌舵，少划船"（steer more, row less），更强调政府脱离划船人角色，专心掌舵，转而让市场和民间担当起船夫的角色；治理的结果，通过行动者之间持续不断的对话，治理主体趋于多元，治理的结果也呈现多元化。在统治模式下政府管理的形态基本是一致的，但在社会治理的背景下，百花齐放式的治理结果才是合理和真实的。

与之相对应的，社会治理的研究取向也聚焦在社会治理主体的扩展、社会治理方式与路径、社会自治或合作治理、社会治理目标、社会治理创新等方面。这些研究集中探讨社会自治与社会管理的关系，强调多元主体的合作关系和多中心治理的核心地位,更多对应了应然层面的讨论(童星,2018:13)。社会治理方式创新方面的研究,提出了有限政府、法治政府、开放性政府等观点,将社会治理的视角从政府本位转向了社会本位,更加关注基层社会自治和公民社会崛起等议题。

2.3.3 社区教育与社会治理的关系研究

社区教育与社会治理的相关研究,从内容来看,主要涉及社会治理体系、社会治理管理创新、社区教育课程内容选择等实践研究以及治理结构等多方面。在治理体系和结构方面,陈乃林在《创新社区教育治理体系略论》中着力于"把治理理论运用到社区教育领域,从政府职能转变、着力培育社会组织、构建支持服务体系、探索运用市场机制、推进治理体系法制化、健全城乡一体化体制机制等六个维度,提出了创新社区教育治理体系的新思路。"

在社会治理和社区教育的关系方面,多数学者都认为两者相互融合、迈向交集。如高志敏《迈向交集:论社区治理与社区教育》指出两者存在交集,并且指出社区教育以及学习型社区创建当下所存在的疲软乏力现象,同时提出社会治理、社区治理理念已成为其"增力"的源泉,呈现出新的发展路径。陈翠玲的《社区教育融入社区治理的实践探究》则是从社区教育融入社区治理的意义和实践探究的角度谈了两者之间的相互融合。

社区教育与社会治理之间存在内在关联性,秦钠认为,满足民众需要的社区教育与提高社会治理成效呈正相关;社区教育能增进人际互动,为多元化的社会治理打下基础;惠及民众的社区教育有利于提高社会治理的效率。吴云认为,社区教育在促进社会治理方面具有重要的作用,可以发挥一定的基础作用,利用社区教育和培训可以宣传讲解有关宪法、法律、法规的内容和解读国家政策,开展社区文化建设,宣传讲解各种科技知识。

董平提出，社区教育能满足民众需要、增进人际互动、增强个人社区归属感，与社会治理有着内在关联性，社区教育具有激发社区活力、提升人际互动频率、塑造引领正确价值观、把握疏导民众心理、舆情收集分析等功能。庞庆举提出，社区教育能起步晚，相关研究尚待聚焦、深入、持续开展，尤其是在当前强调终身教育、学习型社会、社会治理、新城市规划的时代背景下。

如前文所述，老年教育和社区教育关系密切，因此笔者对老年教育和社会治理方面也进行了文献检索。杨振洪、杨源哲在《试论我国老年教育的社会治理》一文中从分析我国老年教育的现状、基本特点和问题入手，探讨我国老年教育社会治理的必要性及其路径。纪永回在文章《推进基层老年教育治理体系和治理能力现代化》中提出："基层老年教育工作应抓住'社会管理向社会治理转变'这一契机，不断加强统筹规划，探索用社会治理的工作方法推进基层老年教育发展的新途径，建立由政府、社会、市场、个人全面参与的多元化的基层老年教育模式。"李臻的论文《政府治理视阈下的老年教育发展研究》中有关老年教育治理的方面，主要谈了老龄化社会的政府治理，并认为老年教育是老龄化社会政府治理的一项重要职责。

2.3.4 文献述评

随着社会治理日益受到重视，2006年之后学界开始兴起相关研究，在知网上查阅可以发现，2012年后有关社会治理的文献急剧增加，或与党的十八大提出"社会治理"的政策要求直接相关，这些文献的关键词多集中在治理创新、基层社区、党建引领、网格化管理等。与此同时，社区教育领域的社会治理研究也随之产生，根据知网搜索显示，从2000年至今共有164篇相关主题的文献，尤其是2014年之后，数量上升非常显著。在与"社区"或"基层社会治理"相关的文献中,以上海作为研究背景或对象的远多于其他城市,第二名是北京。笔者还检索了以基层社会治理为主题的所有博士论文共20篇,其中绝大部分是政治学、管理学和思政类的,只有一篇是社会学专业论文,以社会治理为背景,讨论的是社会组织培育;在社区教育领域的博士论文中,也基本没有社会学的文献,只有一篇秦钠的《中日都市社区教育比较研究》。

已有的研究为社区教育发展和基层社会治理贡献了非常丰富的成果,同时也为后续的深入研究奠定了较好的基础。我国社区教育的研究与实践探索与社区教育事业发展同步进行,并且随着社区教育事业的不断发展,理论研究亦日趋完善,研究形式和方法多种多样,研究内容和视角也更加丰富。但在社区教育参与社会治理方面研究数量仍相对偏少,存在一些不足:一是从研究内容看,有关社会治理背景下社区教育的研究不多,换言之,对社区教育在基层社会治理方面的作用的认识和探讨尚显不足。二是从研究方法看,目前的研究多集中在教育层面,而从社会学和社会治理层面来探讨的研究相对较少。三是从研究视角来看,多数研究参照国外理论,侧重于对社会管理转向社会治理的探讨,形成了"从现象观察到问题导向、由关注体系结构到行动过程"(赵爽,2021:21)的特点,但缺乏对本土国情的关照,仍有很大的研究空间有待开发。

第 3 章 理论视角与研究方法

3.1 理论视角：涂尔干的社会团结理论

东方与西方，现代与传统，各种形态的社会，都会衍生出不同的社会管理形态，宗族、宗教，乃至各类行政机构。中国古代依赖宗族的连接，祠堂、宗庙，起到了类似于西方社区教堂的功能。新中国成立后，中国大陆的基层社区依赖强有力的行政力量，街道、居委、村委这些名义上是群众自治组织、实质上是政府力量延伸的机构，在组织社区群众开展政治性学习、劳动等活动的同时，也提供了让个人参与群体性活动并在这些活动中获得认同感的可能性。市场经济改革后，政治权力的掌控不再强有力，传统社会依赖的宗族体系开始瓦解，家庭规模小型化、血缘关系淡化，陌生人社会开始取代熟人社会成为我们生活的常态环境，强制力的行政管控也面临许多挑战。在社会治理的大背景下，社区教育可以通过什么方式促进基层社区社会发展，是本书试图厘清的一条逻辑线索，借用涂尔干关于社会团结的理论，恰好能勾连起社区教育和基层社会治理这两个概念，因为社会通过社会团结关系产生一种社会的道德权威和社会期待，从而转化为一种共同的道德规范和理想。

3.1.1 社会团结的两种形式

涂尔干在《社会分工论》中，将个人与社会的结合方式归纳为"机械团结"与"有机团结"。机械团结的主要特征体现在：社会中人与人之间具有高度同质化的倾向，差异很小；社会呈现出高度的一致性，这是由人际间缺少分化带来的；集体湮没了人们的个性，这是以人与人之间维持相似性与相同性为前提的；个人参与集体行动往往是自发且不假思索的；社会与宗教结为一体，整个社会渗透着宗教的观念，强制压抑差别性和异质性。机械团结"在某种程度上是由所有群体成员的共同感情和共同信仰组成的，即集体类型"，个人是"不带任何中介地直接系属于社会"（涂尔干，2005：89）。

"有机团结"明显区别于机械团结的是，个人依赖于"构成社会的各个部分"，而不是直接依附于社会。社会是"由一些特别而又不同的职能通过相互间的确定关系结合而成的系统"，是建立在社会分工和群体异质性基础上的联系。其特征是群体内异质性强，人与人之间存在显著差异，且差异性会随着社会发展不断增强。社会的基本任务由人们共同协作分工完成，社会分工变得错综复杂，高度发达的专业分工导致人际间相互依赖性的增长（涂尔干，2005：35）。

与之相对应的，是滕尼斯在早前提出的"共同体"与"社会"的区分。共同体以血缘群体、地缘群体和宗教群体为基本形式，结合的基础是由本能中意、习俗适应和共同记忆等组成的群体的"自然意志"。人们在社区中长时间面对面交往和互动，以此来维持相互归属的情感和关系。社区是一个持久且真正的共同生活空间，是一个原始或天然的人类意志统一体。而社会的结合基础是个人的理性意志，以目标联合体为基本的相互共处的群体生活方式。"社会应该被理解为一种机械聚合和人工制品",因此"社区是古老的,社会是新的"(滕尼斯,1999:262)。

宗教、宗族所构建起的共同体,完美对应了涂尔干的"机械团结",这种自然形成、整体本位的互动群体是古老而传统的,靠"镇压的强权"来维持对异质性的压抑,"看见一个人便看见了所有人",靠闲言碎语维系群体秩序的道德底线,"通过口头传播来传递其文化",靠惩罚性法律来维护共同意识以及维持社会凝聚力。在社会容量和社会密度增加的同时,竞争加剧和分工细化随之出现,有机团结的社会是个人本位的,是现代社会的新兴产物,其整合范围更大(涂尔干,2005:43)。

机械团结和有机团结并不是截然对立的两种形态,虽然涂尔干暗示了两者与群居或氏族社会和现代组织社会的对应,当家族和宗教开始消失,建立在职业组织基础上的政治和社会组织粉墨登场了。他认为机械团结的消失正是有机团结出现的必要条件,但他也表示,不同团结形式是可以并存的,在一个社会中只是占比多少而已。此外,他还提出了"契约团结",在现代社会,法律机制的活动范围不断增加且复杂化,"社会的活动范围逐步缩小,而个人的活动范围在不断扩大"(涂尔干,2005:163)。有机团结的形成,是社会分工的结果,机械团结式的统一意志此时未必能起什么作用,有机团结依赖分工的强化,反而能够把人们更紧密地结合起来,不过随着社会进化,机械团结式的连接纽带会松弛下来。

3.1.2 从社区教育到社会治理的逻辑链条

无论是身处什么类型的社会中,人类永远在渴望和需要群体生活,需要集体认同,需要被整合进入"社会"或"群体"中,因为"人不能接受孤独,也不能接受无意义"(彼得·博格,1991:67)。涂尔干认为,宗教是人类创造出来获得这种意义的重要载体,而宗教之于人类的影响,不仅仅在于信仰和行为，更重要的是仪式以及附着在仪式上的各种群体性活动和组织。涂尔干的结论是"宗教明显是社会性的，宗教表现是表达集体实在的集体表现；仪式是在集合群体之中产生的行为方式"（涂尔干，2006：8）。彼得·博格也有类似的表达："社会仪式使个人的事件变成了一种典型事件，正如它使个人的一生变成社会历史的一段插曲一样"（彼得·博格，1991：65）。宗教是观念和仪轨的综合，社会通过观念和仪轨系统形成自我意识，这也是为什么每个社会都有宗教信仰但又各不相同。涂尔干把宗教的源头归到了社会，把宗教的起源归到了群体活动。宗教"就是自我对于社会有序化力量的屈服，法则将个人的生命置于包罗万象的意义结构中"（彼得·博格，1991：64）。人们发展出宗教，是为了在宗教仪式的群体性活动中找到自身价值、获得安全感，即使没有宗教，人们仍然会发展出其他形式的群体性活动。人们需要的是群体，宗教或者其他的组织形态不过是一层外衣。一切宗教情感所表现出来的是聚居在一起的共同体成员共有的强烈信念，宗教曾经涵盖了整个生活，"宗教和社会是同义的"，但宗教对今天社会生活的影响已经越来越微弱了，也正因为此，人类才获得了自由发展的空间。然而，对宗教和宗族所提供的心理安慰、人生意义和维持社会关系的功能的需求仍然存在。

同质性、整体性较强的机械团结构建起来的共同体，可以依赖宗教、宗族或强权政治实现社会统治的目标，但在异质性、个体性较强的有机团结占比较高的现代社会里，原有的管理手段难以奏效。欧美等国基本依靠市场和社会组织来完成社区民生项目，很难有类似我国如此强有力的行政力量，如英国在社区层面组织和支持的机构是地方行政机构、成人学习者自发组成的志愿团体和相关的社会责任团体，日本公民馆的运作和管理往往是靠社区志愿者或社会工作者。在西方社会的运作和治理中，非政府组织扮演了非常重要的角色，在市民的社区生活中具有相当大的影响力，市民乐于参与到这些组织的活动开展和管理运作中，政府的介入一般只局限于项目审核、经费拨付和财务审计上。我国在行政层面设立了各级行政管理部门，社会民间组织和社团的参与度不足，社会化程度不高。在管理实践中，国外社会组织参与、市场机构介入的成功经验值得我们借鉴，既是对政府管理的有益补充，同时也利于基层社会治理的灵活高效。除此之外，是否还有其他途径也可以在现代社会结构中，对基层社区的社会治理产生有益的影响，也值得探究。

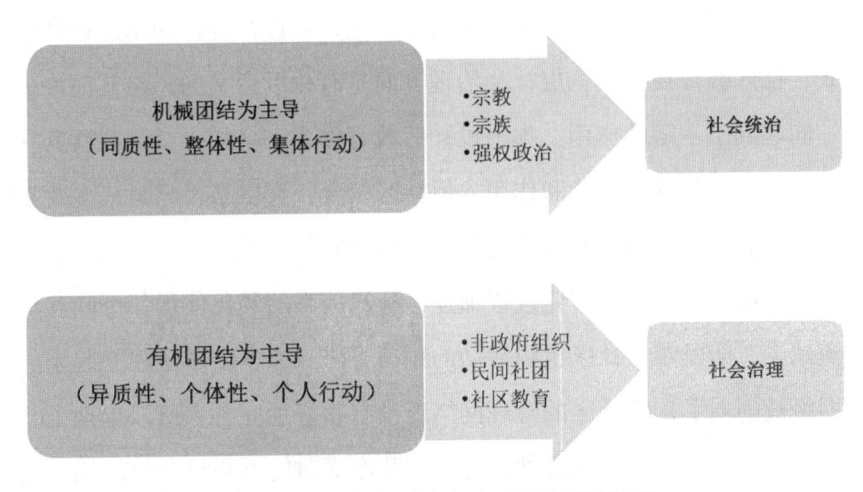

图 3-1 社区教育对社会治理的作用关系图

现代社会的管理方式正在由以宗族、宗教、政府等手段控制，转向以社会治理为代表的管理方式，治理的理念突出了社会群体内多元主体、平等参与的形态。在基层社区的平台上，有着各式各样的组织、活动和群体，也有着令人应接不暇的矛盾、冲突和问题。基层社区演绎出多种多样的应对方法，比如在经济层面对低收入人群的保障，在物质层面对老年群体养老的关爱。"仓廪实而知礼节"，小康社会的全面实现让经济和物质层面的问题得到初步解决之后，在教育和文化层面，人民群众的需求日益旺盛，我国社会主要矛盾已经转化为人民日益增长的美好生活需要和不平衡不充分的发展之间的矛盾。近年来城市基层社区逐渐意识到精神文化需求和教育宣传在社会治理中的重要性，且在实践过程中发展出许多行之有效的方法。

社区教育在发端之初是青少年校外教育的补充形式，之后又成为基层维稳的补充手段，如今社区教育已是社区群体活动的重要载体和平台，在这个平台上，社区教育有效整合不同属性的人群，发挥了形成集体意识、增强社会凝聚力的作用，但并没有削弱有机团结形成的异质性和个体性社会。社会治理需要建立在人性分析的基础上，并选择合适的基层社会治理模式，社区教育在促进基层社会治理方面是有积极意义的，与其他许多要素一同起到了一定的作用。本书以社区教育作为一个切入口，观察其在基层社会治理中起到的功能和作用，但社区教育一直以来都只是诸多要素的其中之一，其他众多要素同样在发挥重要的作用。

现阶段我国由于城市化进程加速，地缘关系的弱化使得邻里间互动和交流减少，居民参与社区组织活动的频率下降。原本由单位建立起来的组织网络被削弱了，但社区的管理网络还没有很好地完善，所以出现了"社会整合"缺失的问题。在这种情况下，政府面对的不再是单位组织，而是许多分散的个体，管理上的摩擦成本就会大为增加，自上而下和自下而上的社会事务与问题沟通落实的通道就会受到阻碍。

今天的社区确实不再是"政府的腿"，而正在变成"居民的头"（李培林 等，2008：154）。社区建设正在通过社区民主自治建设，促使城市居民的公民意识、民主素养和参与能力获得极大提高，开始建立各种参与机制和渠道。社会治理就由大家的事情政府办，转变到大家的事情大家协商办的路径上来。社会治理中一个非常重要的任务就是如何迅速地将分散的信息、资源汇聚起来，为政府正确决策、公民行动、企业行为提供依据，以减少由于信息封闭、资源空置造成的决策失误、反应失当、管理失效、短期行为等不利于城市长期可持续发展的问题。社区，事实上已经成为城市治理中政府、企业与公民社会信息、资源交汇的公共管理与公共服务平台，一个城市治理中各方倚重的中介和平台。

3.1.3 社会团结的衡量指标

涂尔干说"社会团结本身是一种整体上的道德现象，我们很难对它进行精确的观察，更不用说测量了"，因为社会团结是非物质性的，我们很难说明到底是社会团结产生了下文提到的现象，还是这些现象导致了社会团结。但社会团结一旦得到加强，"它就会使人们之间的吸引力增强，使人们接触的频率增加，使适合于人们结成相互关系的方式和机会增多"（涂尔干，2005：27）。于是，笔者从其论述中，尽力抽离出一些可供衡量的指标。

一是社会容量，或曰社会密度。社会分工进步的直接原因来自社会容量的扩大和社会密度的增加，分工"不仅为社会提供了凝聚力，而且也为社会确定了结构特性"（涂尔干，2005：152）。涂尔干认为，社会生活有两个来源，个人意识的相似性和社会劳动分工，后者使得个人具有了与众不同的特征和活动，且在很大程度上依赖他人、依赖社会。个人是共同生活的产物，而不是个人决定了社会的共同生活。

二是整合程度。涂尔干在不同著作中反复提及整合，即个人与社会连接的紧密程度，而"个人维系于群体的紧密程度，不仅在于他们与社会之间的联系纽带是多是少，而且在于各种联系力量是大是小"。要想测量社会纽带之间的力量对比，就应该考察这些纽带发生断裂的难易程度，整合对社会具有一种凝聚作用，能够让这些纽带更加强韧。

三是道德密度，或曰动力密度。涂尔干认为："如果我们把人们的相互结合及其所产生的非常活跃的交换关系说成是动力密度或道德密度的话，那么分工的发展直接与这种密度成正比例关系。"（涂尔干，2005：214）动力密度或道德密度可以被看作是人们互动频率和协作关系的指针，动力密度的增加是城市化扩充的直接原因，城市化进程依赖于人口流动，大量外来移民的拥入需要社会各个环节的相互融合，"道德生活渗透进了所有能够促成协作产生的关系之中"。需要澄清的是，道德密度并不一定和幸福挂钩，就如同自杀率或离婚率的高低也不能代表这个社会的整体幸福感，"人类之所以要不断进步，只是因为他们必须进步"（涂尔干，2005：296）。

四是利他主义。在有机团结占主导的社会，不能再把社会成员看作是可以"任意摆布的物品"，而是负有一定责任的不可或缺的同伴。无论是以共同信仰还是以经济合作为基础的社会，都有其固有的道德基础，每个人是把自己看作社会整体的一部分，"人类如果不能谋求一致，就无法共同生活，人类如果不能相互做出牺牲，就无法求得一致，他们之间必须结成稳固而又持久的关系"（涂尔干，2005：185）。每一个社会都是道德社会，利他主义是社会生活的根本基础。道德性在社会存在中的意义，对于有机团结的组织社会来说表现得更加明显。

五是集体意识，或曰共同意识。由社会团结产生的社会关系紧密程度主要取决于集体意识与个人的关系及其平均强度和确定程度，集体意识的涵盖面、强度和确定程度越大，其对个人的作用就越强，社会关系就越紧密。集体意识构建起了一个统一模型，把观念和行动都纳入其中，而"公意就是最完美的形式"（涂尔干，2005：113），某件事物要想扎根在每个人的意识中，它就必须成为社会集体意识的情感对象。

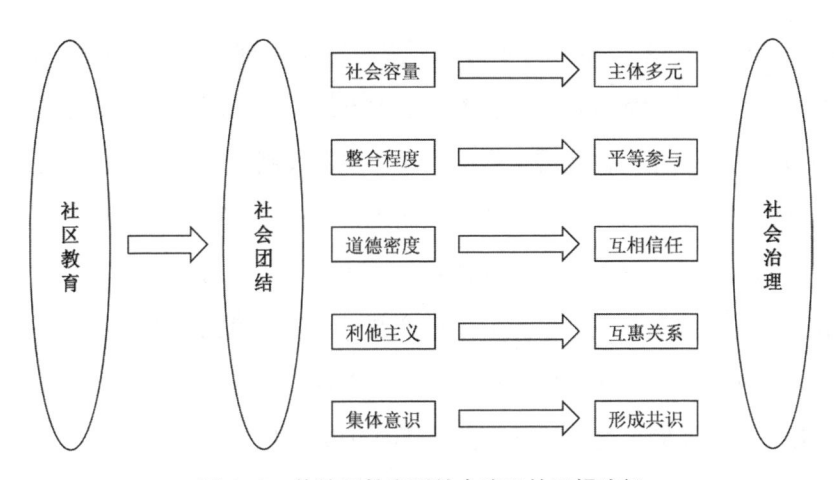

图 3-2　从社区教育到社会治理的逻辑路径

上述指标基本涵盖了社会团结理论的重要变量，呈现了其基本特征，回顾上文中对社会治理的描述，可以发现各个指标间可以有效对应起来：社会容量的增加将促进社会治理多元主体的产生，整合程度的提升与各方力量平等参与息息相关，道德密度与社会互信紧密相连，集体意识与社会共识，利他与互惠在现实层面也是可以对应起来的。在这个逻辑链条上，社会团结是架通社区教育和社会治理的一个重要桥梁，在所有的指标中，恰如共识是治理的核心要素，集体意识就是社会团结的核心指标，社会是通过个人来实现的各种思想、信仰和感觉的组成物，改变人们的共识，就能有效影响行为和思想，进而改变个人、群体和组织。

在下文的章节中，将重点分析社区教育是如何在社会容量、整合程度、道德密度、集体意识、利他主义等方面体现出对于基层社会治理的功能和作用的。涂尔干认为社会学研究要遵循"从社会事实到社会事实"的论证逻辑，"社会并不是人类进化的次要条件，相反它是人类进化的决定因素"，他反对把人类行为还原到心理层面加以解释，道德也要在内化的过程中从社会层面转向个人，"绝大部分的心理事实是社会事实在个人意识里的延伸"，意识并非来源于人们的心理特征，"它是群体生活的产物"（涂尔干，

2005：308）。当然，本书并不奢求对基层社会治理做全面的分析，社区教育也不可能成为促进基层社会治理的关键性因素，笔者只是将其作为基层有效治理的非正式制度因素中的一个，在正式制度如行政体制、法律体系等之外，社区教育作为一种非正式制度，与正式制度并存，既"满足了基层的治理需求，又可缓解权威体制与有效治理之间的张力"（秦上人，2016：35），构建起一个多元主体平等参与的公共领域，在国家和社会之间成为一个中介，通过群体、社团和活动进行主体交互、意见表达的场域和机制，成为非制度化的基层社会治理的有效手段。

3.2 研究目的和意义

从孔德创立社会学之后，社会学一直被认为是一门科学，涂尔干确立了"以社会事实解释社会事实"的研究范式，为社会学的科学性添加了强有力的注脚。实证主义方法论延续至今，仍可视为社会学研究的主流，量化研究、数据分析占据了如今社会学研究领域的重要块面，虽然实证主义并不完全等于量化分析，但"以数据为准绳"的研究偏好在学界乃至政府决策中还是屡见不鲜。韦伯开创的人文主义倾向的方法论，在某种程度上更依赖研究者自身的"洞见"，不如量化研究在技术上的可操作化和流程化，因此在科学性上显然是落了下风。

学科是为人类关注的问题服务的，社会学的关注问题是什么？是人类生存状态本身，是"作为一个人意味着什么，作为一个处在具体情境之中的人又意味着什么"（彼得·贝格尔，2015：5）。这显然是一个人文主义命题，与科学命题有着显著的区别。社会学如果囿于为了证明自身的科学性，而削足适履地套用科学研究的范式，显然得不偿失。无论是量化研究，还是近年兴起的大数据分析和计算机建模等，都可以成为社会学研究的工具，但不是全部。社会学家"要对自己的学科抱有一定的游戏心态"，把社会学理解为众多游戏之一，"它对人类生活意义重大，却并非定论"。放弃了为人类社会寻求不变规律的妄念，孔德的社会物理学大厦自然难以搭建，但富有洞察力的对社会现象的理解，对人类思维疆域的拓展或许更有意义。

社会学"不要把自己固定在一种毫无幽默感的唯科学主义态度上，而无视社会景观中的滑稽现象"（彼得·贝格尔，2015：4）。即使在科学研究中，猜想和顿悟仍占据了科学成果的很大部分，在数学领域，高斯和拉马努金两位划时代天才，他们写下的数学猜想和公式，足够后世几代数学家为之演算证明。"科学工匠"的工作当然重要，但现今的科研体制放大了科研成果累积的效应，让众多研究者热衷于数字的加加减减和模型的调整优化，而对现实世界缺乏灵敏度。彼得·贝格尔说，社会学必须回到"大问题"的研究上来，这些问题中最重要的，是关于现代世界构成的问题。社会学家的使命在本质上是世界性的。无论使用什么理论或方法的工具，我们都是在人类社会的意义体系里，寻求一个可以诠释的对象，帮助我们更好地理解现实生活。

社会建设理论认为，社会是可以建构的，同时社会也是社会建设中的主体。诚如前文所讲，目前我们的基层社会较"弱"，社区的凝聚力、组织力、动员力不足，造成其自身很难有动力和能力实现自我建设。许多地方依靠政府的力量来推进社会建设，但如果政府干预过多，社会就一直无法自我发育，出现的是通过行政命令方式来运行的"行政社会"。

近十年，基层社会治理成为关注焦点。在社区教育领域中，同样面临着类似的变革。出于长期以来政府推动的惯性，社区教育走向社会治理的目标还需要漫长的探索和实践。在单位人大量转变为社区人、城市老龄化趋势日益严重的态势下，社区居民的日常生活成为关注焦点。在社区教育的大平台上，政府机构、企事业单位、社会组织都可以平等参与到各类活动和项目中，社区教育的发展促进了基层社会治理的有效构建。十八届三中全会提出"紧紧围绕更好保障和改善民生、促进社会公平正义、深化社会体制改革"，"加快形成科学有效的社会治理体制"，对加强社区教育的顶层设计、推进社区教育促进社会治理提出了新的要求。在我国社会经济发展的新形势下，公共领域严重缺位，民众参与社会治理的渠道严重缺乏，用改善民生、促进社会治理的理念推进社区教育的发展，建立由政府、社会、市场、个人参与的多元化社区教育模式迫在眉睫。《中共中央、国务院关于加强和创新社会管理的意见》指出要"强化城乡社区自治和服务功能"。《国家中长期教育改革和发展规划纲要》要求"广泛开展城乡社区教育，加快各类学习型组织建设，基本形成全民学习、终身学习的学习型社会"。政府引导下社区教育的形成和发展与基层社会治理的目标一致，与社会主义民主的发展方向吻合，对于提升社区自治水平、推进基层社会治理具有重要意义。

3.3　研究内容与方法

社区教育从创始之初服务少部分群体，或解决部分社会问题出发，逐渐向普惠化方向发展，力求吸引全体社区居民参与其中，整合了不同阶层、年龄的群体；向组织化方向发展，形成了社区自主组织运作的团队，构建起互惠互利的社区共同体；向功能化方向发展，成为意识形态、价值观和现代生活理念的宣传平台。这些都将在下文予以重点分析，并从社会团结理论的社会容量、整合程度、道德密度、集体意识、利他主义等指标出发，落实到基层社会治理的主体多元、平等参与、互相信任、互惠关系和形成共识等五方面，呈现社区教育对于基层社会治理的功能和作用。

3.3.1 研究内容

本研究试图深入剖析我国社区建设和发展过程中面临的突出问题，如居民的信任感、凝聚力，以及社区的组织力、动员力、控制力的下降，应对这些难题，社区教育可以是一种社会治理的有效途径，为群体活动、意见交流、群体规范、团队领袖提供产生和运作的平台，实现多元主体、平等参与的创新模式。这里针对的主要是城市社区，对农村地区虽也有涉及，但基本是处于城市化进程中的城郊农村或城乡接合部。典型意义上的中国农村，社区教育的覆盖率仍然非常低，相关资料较少，因此比较难以纳入本次研究范畴。

通过对社区教育的认识和操作层面的探究，从个体、家庭、群体、社会不同层面提供基层社会治理可借鉴的实现方式。从学术层面来看，本研究旨在揭示社区教育形成与发展的内在机理，探索社区教育在社会治理背景下的发展路径，以期为社区教育和基层社会治理提供理论贡献。从应用层面来看，为社区教育工作的进一步开展提供实证资料；为基层社区推进社区教育在社会治理中的作用提供政策参考；为丰富和完善基层社会治理实践提供建设性意见。

3.3.2 研究方法

文献研究：充分运用社区教育发展的文献资料，通过理论学习、网络收集、同行借鉴等渠道，梳理社区教育的历史发展脉络以及现状，为研究提供理论依据。

案例研究：在上海选择代表性地区，选取典型案例，深入研究社区教育参与社会治理的方式和途径。笔者利用参与的教育部、上海市教委、上海开放大学等关于社区教育、老年教育的规划、调研等项目，走访和采集了全国部分省市的社区教育案例，用于经验材料的佐证，其中以上海为主。

问卷调查：获取上海市社区教育统计相关数据作为参考，在上海选择代表性地区，开展抽样问卷调查，为社区教育和基层社会治理发展现状以及二者关联提供量化依据。在普陀区、徐汇区、静安区，按照社区教育参与群体的年龄、性别、户籍、学历等变量[①]的比例结构，发放问卷850份，回收有效问卷839份，其中约有三分之一的问卷发放给目前没有参与社区教育的群体，这部分人群以中青年为主。问卷详见附件，主要问题涵盖了以下几个方面：人口基本情况、区域内社区居民的状况、区域内社区教育的需求、区域内社区教育的供给、社区教育与社会治理的关系。

个案访谈：笔者利用自身工作便利条件，在上海市普陀及静安、徐汇、浦东等区，开展社区教育管理者、教师、学员和社区居民的个案访谈，收集相关资料。其中针对社区居民和学员的访谈由笔者指导开放大学社区管理专业的学生进行，管理者和教师的访谈由笔者自己完成。访谈提纲详见附件，访谈名单如下表3-1所示。

表3-1 访谈对象基本情况表

编号	访谈人	所在地区/单位	性别	年龄	职业/退休前职业
1	常伯伯	杨浦区长白新村街道	男	61	工人
2	陈阿姨	杨浦区长白新村街道	女	62	公司职员
3	周伯伯	闵行区莘庄镇	男	59	公务员
4	王阿姨	闵行区莘庄镇	女	59	公务员
5	厉阿姨	长宁区华阳路街道	女	56	教师
6	叶阿姨	静安区静安寺街道	女	50	公司职员
7	沈阿姨	普陀区长寿路街道	女	62	国企员工

---

① 目前参与社区教育的主体人群是中老年人，如前文所述，其与老年教育受众的重合度较高，女性占比和本地户籍占比大致都是七到八成，学历以大专及以下为主，这些特征与后文的问卷数据基本是吻合的。

第3章　理论视角与研究方法

续表

编号	访谈人	所在地区/单位	性别	年龄	职业/退休前职业
8	程阿姨	普陀区长寿路街道	女	67	公司职员
9	苏阿姨	普陀区甘泉路街道	女	56	教师
10	王某某	普陀区宜川路街道	男	55	医生
11	吴某某	普陀区石泉路街道	男	45	社区助残员
12	吕某某	普陀区甘泉路街道	男	46	社区干部
13	蒋某某	普陀区石泉路街道	女	48	社区干部
14	叶某某	普陀区真如镇街道	男	77	原真如中学校长
15	李某某	普陀区	男	66	原普陀区教育局领导
16	祝某某	普陀区	男	58	原普陀区委宣传部领导
17	庄某	上海市教委	男	65	原上海市教委终身教育处领导
18	徐某某	普陀区教育局	女	50	原普陀区学习办领导
19	王某某	普陀区宜川路街道	男	51	普陀区宜川社区学校常务副校长
20	陶某某	普陀区宜川路街道	女	48	普陀区宜川社区学校教师
21	陆某	普陀区宜川路街道	女	43	普陀区宜川社区学校教师
22	刘某某	普陀区桃浦镇	女	45	普陀区桃浦镇社区学校常务副校长
23	朱某某	普陀区桃浦镇	男	58	普陀区桃浦镇社区学校教师

第 4 章 社区教育的历史沿革与发展现状

4.1 社区教育的发端与视域拓展

西方的社区教育发端于工业革命带来的对于知识和技能提升的渴求,随后在社会经济达到一定程度后转向休闲文化教育的面向。我国从社会教育的发源来追溯,可以从上世纪 30 年代晏阳初的"平民教育"和梁漱溟的"乡村建设"谈起,包括之后的陶行知的"生活教育"实验和黄炎培的"职业教育"实验,当代真正意义上的社区教育可以追溯到上海普陀区真如中学的校外教育实验,也有部分学者将 1984 年天津向全市发出的《各行各业都来关心支持教育》的号召作为社区教育的起源。

4.1.1 西方社区教育的萌发:从家庭教育到社会教育

在前工业社会,社会分工相对不发达,人们主要的生产方式仍是家庭手工作坊的形式。大部分家庭没有能力将孩子送入正规学校接受教育,学校这类正式教育机构也远不如现代社会发达,极少有固定场所、设施和人员用于学校教育。家庭是儿童接受教育的首要场所,这类"家庭教育"在居住场所、社区、劳动场所或日常生活的各种空间中随时展开。

工业革命的浪潮摧枯拉朽式地摧毁了手工作坊,带来了极大的生产力解放和生产方式革命。大批产业工人随之出现,进入了工厂、企业和车间流水线,人们定时地上班下班,工作和生活不再如自己经营作坊时那么随意,两者被截然区分开来。但在工业化刚刚兴起之时,许多普通家庭的孩子仍然鲜有机会接受正规教育,因为社会生产力的发展程度和家庭的经济收入状况尚不足以支撑这些孩子如今日这般有长达十多年的时间可以不事劳作而接受教育。许多十一二岁的孩童进入工厂工作是当时的常态,其父母和家庭也不会觉得自己在奴役孩子,企业主也没有使用童工的概念,相反他们的劳动报酬成为家庭收入的重要补充,报纸还会大肆宣传工厂为他们提供了工作岗位。

由于工业革命带来的生产力爆发,需要培养更多具有一定技术水平的工人,因此欧洲各国的教育普及大大加快,社区教育的雏形就在欧洲产生,1844年丹麦教育家柯隆威创办了第一所民众学校,到了1915年,曼雷、莫托在美国践行杜威思想、建立实验性学校(王英,2009:53)。于是最早有固定场所、设施和模式的社区教育在欧美地区诞生,且随着工业化的脚步迅速扩展到世界其他地区。现代化社会伴随着全球化、信息化浪潮而来,社会分工日益细化,社区教育作为社区建设或教育形式的细分门类,在不同领域展现其作用和意义。1952年,联合国成立社区组织与社区发展小组,在第七届国际社区教育大会上发布了一份宣言,其内容大致包括:社区建设是社会持续发展的根本动力;强有力的社区是对抗社会各类问题的基础;优质的社区教育对社区建设有促进作用;社区教育能够推动社区持续发展。由此,社区教育成为社区发展的关键支撑之一,终身学习成为许多国家和地区人们选择的生活方式。

关于社区教育的诠释，联合国经合组织曾经有过定义："基于所有教育起始于社区，且并不是以获取社区的利益为目标，而是以提高社区住民生活质量为目的的原理，因此实现这一原理的活动即为社区教育"（陈学军，2006）。在这个定义中，社区教育并不单纯在指代一种针对社区的教育形式，更为重要的是居民生活质量被放在重要目的中，社区发展是核心议题。当今世界各地发展出了各种形态的社区教育，欧美多以社区组织、社区发展、社区行动等教育模式为主，东南亚如韩国、印尼以适应社会转型为目的，日本、新加坡以国民伦理教育为目标，发展出了不同形态的社区教育。如美国社区教育主要是以技能提升为目标的补偿教育，承担起职业技能教育、大学转学教育、成人继续教育、普通教育和社区服务与培训等多元职能，美国社区教育中最有特色的是其社区学院，社区学院致力于通过与社区紧密结合、提升职能以为社区经济及全体人员服务。中国香港通过建立多种类型教育机构，打造在职学习体系，提供多种继续教育途径，构建学习互通互认机制，利用信息技术手段，为职场人员提供在职培训和学历教育。北欧的挪威、瑞典、芬兰、冰岛聚焦民众素养提高，建立了民众高等学校。中国台湾地区建立起了完整的社区教育法律体系，1953年发布《社会教育法》，之后不断修订出新，从法律层面保障社区教育发展。日本的每个社区几乎都建有公民馆，公民馆的职能是开展青少年和成人的不同类型的教育活动，这些活动都是普惠性的公共服务，并由此形成著名的社区教育模式"大阪模式——三层学习圈"。此外，英国的市场驱动模式、法国的国家投入模式和德国的社会合作模式成为社区教育兴办和组织的三种重要形态。

4.1.2 我国社区教育的发源：从校外教育到终身教育

国外学者从教育权利和资源供给方面，强调社区教育的权利性、公平性、参与性以及对社区居民生活控制能力的培养和对社会公平与发展的促进；国内主要从实现目标层面强调社区教育目的是人和社区发展的统一（王英，2009：52）。

关于中国社区教育的发源地，大部分学者较为认同上海普陀区真如中学在1986年成立的社会教育委员会，是我国社区教育的发端。笔者有幸在多年前访谈了时任真如中学校长的叶立安先生，下文中材料部分来自其口述及提供的材料。

当时上海市普陀区正在探索青少年学生校外教育的可行模式，真如中学校长叶立安率先开启了教育社会化、社会教育化的道路，成立了真如中学社会教育委员会。委员会成立大会上，邀请了社区的多家单位，利用他们的资源，来为青少年校外教育提供有益补充，是为"社区支持基础教育"模式。这一模式也响应了当时世界教育发展的大趋势，由社区所在单位，如政府机构、单位、商店、部队等，构成理事单位，共同参与学校青少年校外教育，同时学校也为社区单位提供各类培训，让教育不再是学校一家的事情。

在随后的发展历程中，三十多年的时间里，社区教育面对不同的时代，其需要解决的问题和发展的重点都不尽相同，因此也形成了多样化的形态和内容。社区教育是在我国20世纪90年代改革开放的历史背景下，社会经济全面发展的必然产物，并且对时代的问题做出了很好的回应。

真如中学社会教育委员会的建立，是社区教育发展的第一步，实现了学校、家庭和社会教育的有机结合。随后在1988年，当时的闸北区新疆路街道、彭浦新村街道成立"社区教育委员会"，长宁区也成立了区级的社区教育委员会。及至20世纪90年代，上海兴起了各类社区教育机构，长宁区创办周家桥街道"外来人口学校"，徐汇区成立"个体户家长学校"，当时的南市区建立了小东门街道社区教育中心，同时全国第一所社区教育学院"金山社区学院"也挂牌成立。

而1990年国家教委在上海召开的"全国城市德育工作会议"也对社区教育工作起到了很大的促进作用，上述社区教育的实践，使社区教育在原来的基础上有了下面几个方面的突破：办学主体上，由单一的学校办学发展为社区直接办学；受教育的对象从在校青少年扩大到整个社区成员；办学方式上，创新了更多灵活的教学模式。此时的社区教育开始承担更多社会功能，一方面是针对社区不同人群进行教育培训，另一方面也看到了文化教育消弭基层社区矛盾和成为社会减压阀的功效，在某种程度上对基层维稳有一定的辅助作用。不过，当地经济状况的好坏常常决定了社区教育的受重视程度，在民生问题尚难以得到解决的地区和时代，被视作"唱唱跳跳、玩玩闹闹"的社区教育很难得到重视，也因此有时会陷入被边缘化的窘境。

进入21世纪之后，人们对终身学习的认识和理解进一步加深，创建学习型社会的口号和政策开始在政府层面受到重视，终身学习成为公民生存发展的必要权利和重要前提。近十几年来，从国家到地方，都在这个领域投入了不少人力、财力、物力。在社区教育实践中，人们意识到，社区教育是实现终身教育的重要平台，也是建立学习型社会的关键基础，社区教育在利用社区各类资源、提升社区成员素质和生活品质方面具有明显的作用，在促进社区发展、文明和谐，形成教育体系与社会经济平衡发展中显现出不可忽视的功能。

《上海城市总体规划（2015—2035）》中设想："探索建立多方协商、共建共治的社区自治方式，在城市规划与建设、文化资源配置与管理等方面，打造多元参与、依法治理、高效协调的治理文化，构建具有全球引领性的城市文化治理体系和治理文明模式。"只有把社区教育放到基层社会治理这一更大的社会背景中来考量，我们才能发现其价值和意义，也能找出关键问题，破解其面临的困境。社区教育的发展，能够满足居民多样化学习需求，同时也是适应我们社会主要矛盾变化的必然选择，但在社会治理的大背景下，社区教育仍然存在诸多不足和问题，需要研究者和实践者在理论和实践层面做出回应。笔者在下文中试图对本节中提到的问题做出合理的解释，同时也期待更多的学者来关注这些问题，并给出更好的答案。

4.2 我国社区教育的发展现状

中国社区教育的发展程度与各地社会经济发展程度高度相关，在发展过程中逐渐从青少年校外教育的补充转向了社区居民休闲文化、素养提升的重要平台。上海在这方面进行了多方位的探索，为我们的研究提供了丰富的案例。

4.2.1 全国社区教育概况

社区教育在进入21世纪后，得到了政府部门的高度重视，1999年国务院批转的教育部《面向21世纪教育振兴行动计划》中提出，教育部自2001年起，以设立社区教育实验区、示范区的形式，来推动社区教育的发展。从2000年开始，教育部分五批设立了全国社区教育实验区，并先后于2008、2010、2012年评选了三批示范区。截至2020年，全国共有国家社区教育实验区90个，示范区90个，共计180个区县参加国家社区教育实验工作，另有近500个区县被各省市确定为省级社区教育实验区、示范区。《国家中长期教育改革和发展规划纲要（2010—2020年）》提出了"广泛开展城乡社区教育"的要求，明确要求"加强城乡社区教育机构和网络建设，开发社区教育资源"。

表 4-1 国家层面的社区教育相关重要文件

发布时间	发布部门	文件名称
2012年7月	教育部	《关于进一步推进社区教育改革发展的若干意见》
2013年1月	教育部办公厅	《关于做好成人教育培训服务等三项国家标准贯彻实施有关工作的通知》
2013年3月	教育部职成司	《全国社区教育示范区督查报告》
2013年4月	教育部职成司	《社区教育工作者岗位基本要求》
2013年4月	教育部职成司	《关于公布2012年社区教育情况调查统计的通知》
2013年6月	教育部职成司	《关于开展社区教育实验项目工作的通知》
2013年7月	中国教科文全委会秘书处、教育部职成司、中国成人教育协会	成立"全国学习型城市建设联盟",发布《"全国学习型城市建设联盟"宣言》《"全国学习型城市建设联盟"章程》
2013年10月	教育部、联合国教科文组织、北京市人民政府	首届国际学习型城市大会,发布《建设学习型城市北京宣言》和《学习型城市的主要特征》
2014年4月	教育部职成司	《关于公布2013年社区教育情况调查统计的通知》
2014年8月	教育部、中央文明办、国家发展改革委、民政部、财政部、人力资源社会保障部、文化部	《教育部等七部门关于推进学习型城市建设的意见》

2016年6月,教育部等九部门在《关于进一步推进社区教育发展的意见》中提出:到2020年,建设全国社区教育实验区600个,建成全国社区教育示范区200个,全国开展社区教育的县(市、区)实现全覆盖。2017年6月,中共中央、国务院《关于加强和完善社区治理的意见》也提出:积极发展社区教育,建立健全城乡一体的社区教育网络,推进学习型社区建设。《教育部等九部门关于进一步推进社区教育发展的意见》印发后,各地各部门高度重视,纷纷召开推进会议、制定规划、出台意见、建立机构、落实经费、设立项目、举办培训,推进社区教育发展。随着全国范围内推进国家级和省级社区教育实验区、示范区建设,根据2017年的数据,

第4章 社区教育的历史沿革与发展现状

已基本实现全覆盖。

社区教育在全国各省级指导机构覆盖率达到91.1%，地级市覆盖率达到74.1%。

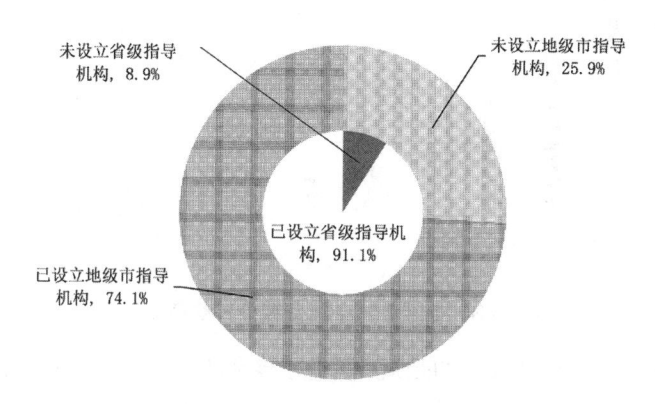

图4-1 社区教育指导机构覆盖率图

2017年的数据显示，社区教育经费主要投入在专项经费、日常经费、基建经费和人员经费四个方面，投入最多的是人员经费和基建经费，如图4-2所示。社区教育的投入方面，江苏、上海、天津在投入总额上排列前三。按照人均计算，图4-3中十一个省市的人均数值均达到或超过2元。

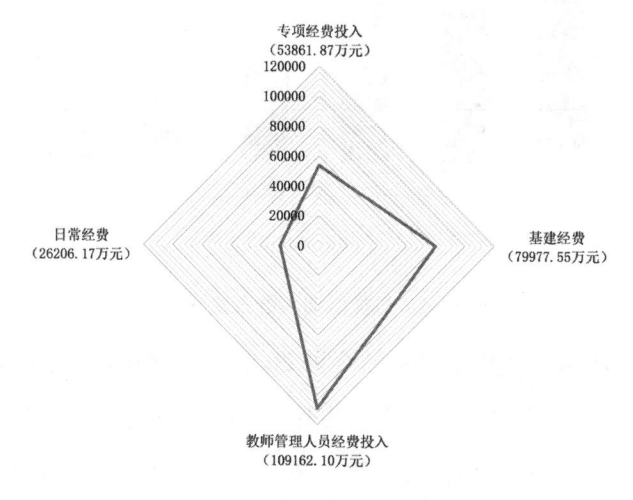

图4-2 社区教育各类资金分布状态图

社区教育与基层社会治理

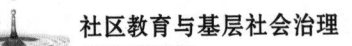

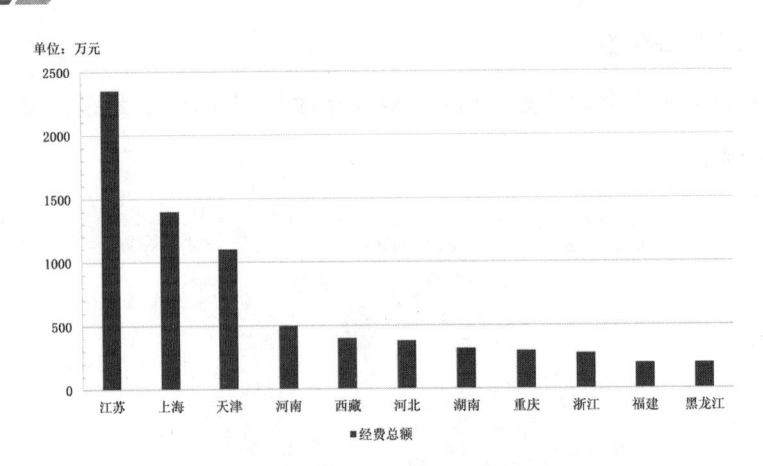

图4-3 社区教育各类资金分布状态图

图4-4展示了社区教育的受众,涵盖了老年人、青少年、进城务工人员、残疾人等不同群体,占比最高的是老年人和青少年。

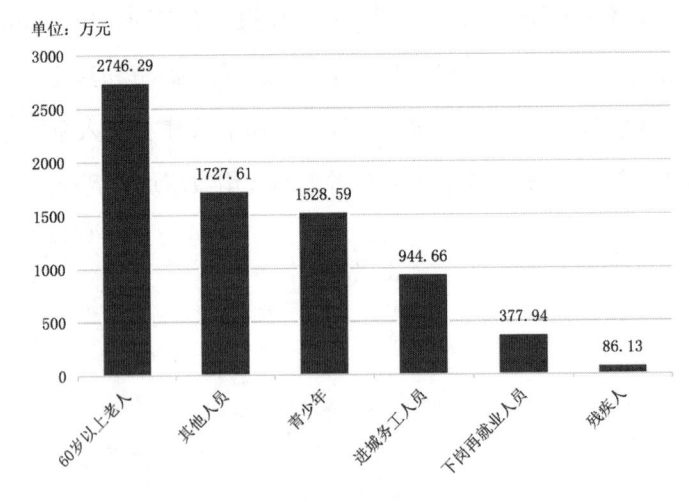

图4-4 各类培训人群占比图

如图4-5所示,在数据采集的全国29个省级行政区中,已建社区教育三级及以上办学网络的有15个,占比约51%。未建或已建少于社区教育三级办学网络的有14个,占比约49%。全国仍有不少省级行政区的社区教育三级网络规模不甚理想,尤其是中西部地区,如河南部分地市、县区尚未成立社区相关指导机构,乡镇街道一级的社区学校办学标准不高,西部许多省市社区教育办学体系尚不健全,未能形成全面覆盖的机构网络。

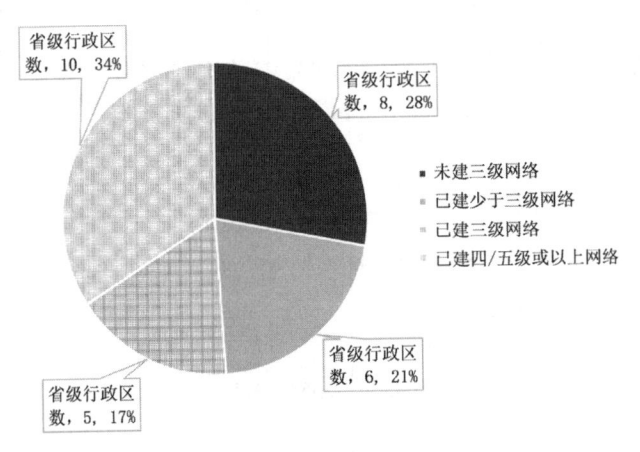

图 4-5　29 个省级行政区社区教育办学网络建设情况

4.2.2　上海社区教育的探索

上海的社区教育在近二十年发展迅猛,办学网络不断向基层延伸,形成了覆盖全市、层次清晰、融合开放的"市—区—街镇—居村委"四级网络体系,拓宽了全方位、多层次、多渠道的办学格局,各级建设覆盖率均达100%,而且因地制宜建设"八分钟学习圈"、宅基课堂、睦邻学习点等。近年还创新思路,将社区教育机构建设到了各类社会场馆,到2019年10月共建立了10个市民终身学习体验基地。2011年,上海颁布实施了《上海终身教育促进条例》,促进终身教育依法发展。上海所有区县都获得了全国社区教育示范区、实验区、示范项目和全国数字化先行区等称号,数量居全国省市之首。2021年10月,在韩国延寿举行的联合国教科文组织第五届国际学习型城市大会上,上海获得联合国教科文组织2021年学习型城市奖,成为我国当年唯一的获奖城市。

表 4-2　2020 年上海市社区教育情况汇总表①

类别	经费（万元） 经费总数	经费（万元） 支出总数	教育培训 在线学习 课程数	教育培训 在线学习 学习人次	教育培训 学习活动 次数	教育培训 学习活动 人次	师资情况（人） 教师总数	师资情况（人） 其中专职教师总数	资源建设（个）	科研获奖（个）
合计	33032.4	30387.8	3746	2790473	2422	4731173	57511	1670	33459	286
各区教育局	7763.9	7514.3	/	/	364	971421	/	/	/	108
各区社区学院	4771.8	4020	373	1286144	/	/	935	363	29161	63
各街镇乡社区（成人）学校	20496.7	18853.5	3373	1504329	2058	3759752	56576	1307	4298	115

以 2020 年数据来看，上海在社区教育上的各种经费投入和支出总计都超过了 3 亿元，2013 年以来，社区教育的经费投入基本上呈上升趋势。受疫情影响，2020 年的社区教育活动多以线上形式开展，线上学习人次大幅上涨，但线下学习人次相较之前的年份有明显回落。目前上海社区教育的教师总数是 57511 人，其中在编在岗的专职教师 1670 人，其余大部分是兼职教师和志愿者，兼职教师中以各类社会达人、退休教师为主，是社区教育教学工作的主要承担者。从历年的数据来看，专职教师数量略有上升，兼职教师数量下降，志愿者数量上升，这一方面是由于兼职教师的各项准入要求在提升，另一方面也是数字化平台普及之后在线学习对教师数量需求降低导致。

上海在全市 16 个区都建设有区级、街镇、居村委层面的社区教育机构，分别冠以社区学院、社区学校和学习点的称号，类似的叫法在外省市

---

① 本节的数据及图表主要来源是《2020 年上海社区教育统计汇编》。

第 4 章　社区教育的历史沿革与发展现状

同样存在，但常常也存在社区教育中心、学习站等不同的名称。在上海各区的社区学院，多挂靠在开放大学、业余大学①等成人高校的名下，以普陀区为例，其法人主体是普陀区业余大学，后续逐渐加挂了上海开放大学普陀分校、普陀区社区学院、普陀区老年大学等牌子。在街镇层面，社区学校受限于学校编制的政策要求，往往很难独立建制，与社区文化活动中心常常是合为一体的②，而文化中心多归属于街镇管理，但在社区学校的管理人员中，即上文提到的1670个专职教师，相当一部分来自教育系统，是有公办学校事业编制的。在《上海终身教育促进条例》出台之后，上海市教委终身教育处推动落实了社区教育系列的教师职称评定，即社区教育领域的教师可以凭在社区学校的课程和科研成果，申报初中的中高级职称，这一点在全国范围内属于比较少见的。而各区社区学院的专职教师，由于社区学院的主体往往是开放大学或业余大学，走的是成人高校序列，因此

---

① 开放大学的前身是电视大学，中央广播电视大学在2012年加挂国家开放大学牌子，目前全国各省市的电视大学，基本都陆续翻牌改名叫开放大学，上海开放大学是较早更名的省级开放大学。业余大学是上海中心城区如长宁、普陀、静安、黄浦、徐汇等各区建立的成人高等教育的公办高校。这些成人高校的出现是为了满足20世纪八九十年代改革开放后劳动者学历提升的井喷式需求而建立，随着高等教育的日益普及，尤其在上海中心城区，成人学历提升的需求逐渐萎缩，招生规模断崖式下降。因此在近十几年内，上海各区的开放大学、业余大学都在向非学历教育、社区教育、老年教育转型。

② 上海中心城区的社区学校往往和社区文化中心合为一体，郊区的社区学校多是在成人学校的基础上建立的。成人学校是有独立建制的教育类事业单位，其建立一方面同样是满足学历提升需求，另一方面在郊区农村20世纪末还有扫盲工作。而郊区地域较广，每个区仅有一所成人高校，不便于学习者就近便利地学习，所以在各街镇都建有成人学校，甚至部分区域还建有学习站点。随着上海城市化建设，原有的城区范围在不断拓展，比如普陀的长征、桃浦两个镇，在20世纪还属于嘉定，后来划给了普陀，并在城市化过程中脱离了原来乡村的面貌，即使是如今的嘉定区，南翔、安亭等地区，也难觅农田，多是工厂、企业和住宅了。因此，郊区的成人学校虽然建制还在，但其学历教育的功能同样有可能大幅萎缩，取而代之的是社区教育和老年教育。面对郊区还尚存的少部分农民以及更多失地农民，社区教育也发挥了一定的作用。

其职称评定就是走高教序列了。不过也有部分区，如浦东、虹口等，其社区学院与开放大学分离而独立建制，因此其专职教师也有走社区教育序列的。至于居村委学习点，基本不存在独立建制的实体和专职的工作人员，多是居村委工作人员兼任，开辟一个活动场所，供居民开展文化教育活动。

上海各区的区级老年大学多是和区级社区学院一体的，老年学校多是和街镇社区学校一体，除了少数几个区有例外的情况。社区学院承担的职能是社区教育，除了面向社区居民开办各类教育培训活动、讲座之外，其职能还包括面向街镇社区学校专兼职教师的业务培训和考核、开展科研课题项目、建设社区教育课程资源、组织大型活动等，比如社区教育序列的专职教师和中小学教师一样，有每年360课时的业务培训要求，中小学教师的培训是由各区教育学院承担的，社区学校教师的培训就是社区学院来承担；再如上海市教委联合市教科院，每年会发布社区教育实验项目的申报，项目可以一年或两年完成，分重点和一般两类，结项时对优秀项目进行表彰；大型活动如全民终身学习活动周是从教育部到省市到区县，各级政府都会参与组织的一项集宣传、展示、评比等功能于一体的重要项目。

老年大学、老年学校承担的职能基本是以办学为主，即面向社区老年人开设课程和班级。多数老年大学或老年学校会对学员年龄做出规定，一般是50岁或55岁以上，80岁以下。老年大学曾经接收过45岁早退、病退的企业职工，但对于40多岁家庭妇女、全职太太来报名的情况就予以劝退了。由于老年人各种意外发生概率升高，目前老年大学普遍要求80岁以上老人要子女签知情同意书后方可入学。随着老龄化程度加剧，政府和社会对老年人的晚年精神生活开始越发关注，尤其是如上海这类经济发达地区，老年人参与文化教育活动的热情高涨，各级政府也在设施配套方面提供了一定的支持。

从受众人群来讲，老年教育是社区教育的重要部分，由于老龄化社会问题日益受到关注，因此将其单独作为教育工作的一项重要内容，并在政府投入和政策出台方面予以倾斜，甚至在疫情期间许多政府支出款项被削减的情况下，仍维持了老年教育的经费投入。从管理条线上，区社区学院（老年大学）、街镇社区学校（老年学校）、居村委学习点构成了社区教育和老年教育的三级网络。向上到市级层面，社区教育在业务层面归上海市推进学习型社会建设指导委员会办公室（简称上海市学指办）管理，上海市学指办设在上海开放大学，老年教育在业务层面归上海老年大学和上海市老年教育工作小组办公室管理；在行政层面，上海市教委设有终身教育处，对应各区教育局的职能科室，终身教育处除了社区教育、老年教育之外，管理范围还包括非学历培训，即校外培训市场。

4.3 社区教育与基层社会治理的现状调研

为了能够直观了解社区教育受众的具体情况，以及社区教育与社会治理之间的关系，笔者在2019年下半年开始在上海普陀、静安、徐汇等区进行了问卷调查，发放问卷850份，回收有效问卷839份，到2020年上半年完成。问卷调查的受访者中，上海户籍占85%，女性占70%，以笔者工作所在区普陀为主，占总样本的59.1%，61~70岁的老年群体占三分之一左右，学历以专科和高中为主。职业分类中，退休人员占了比较大的比例，但不少受访者填写了退休前的职业，因此也作为其职业特征录入进来。上述变量基本符合社区教育受众的特征，女性和老年群体一直以来是社区教育的主要参与人群，学历近几年有不断提升的趋势。所在区是指被访者的居住所在区，部分被访者的居住地和参与活动地点不一定在同一个区。

社区教育与基层社会治理

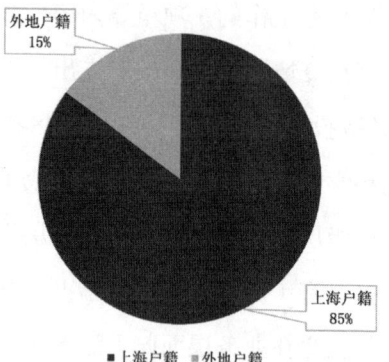

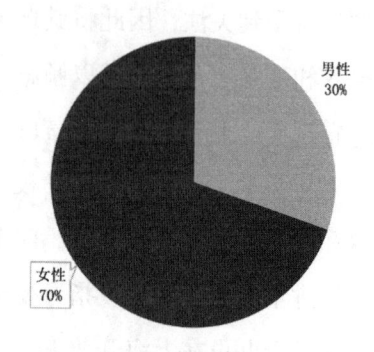

图 4-6 受访者户籍分布图

图 4-7 受访者性别分布图

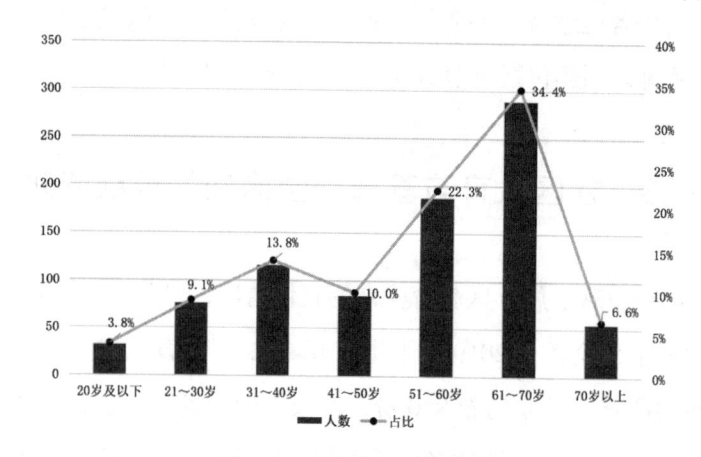

图 4-8 受访者年龄分布图

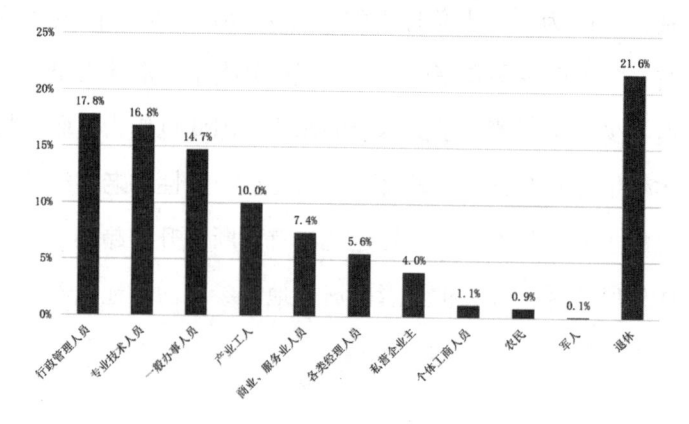

图 4-9 受访者职业状况分布图

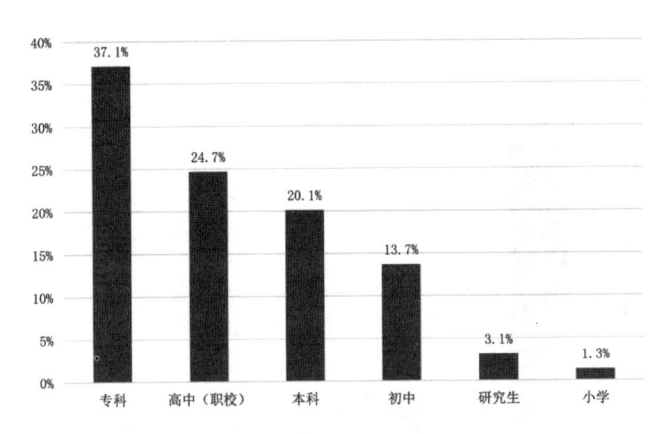

第 4 章 社区教育的历史沿革与发展现状

图 4-10 受访者学历情况分布图

问卷调查中询问了被访者的住房类型、居住年限、居住情况等，可从图 4-11、4-12 和 4-13 看出，一半以上居住在多层公寓，近八成住了 5 年以上，与配偶同住的占了多数，远超过与父母或子女同住的人数。与之相联系的是，有 29% 的人需要照顾第三代，44% 的人需要照顾老人，如图 4-14 和 4-15 所示。随着人口老龄化，许多六七十岁的退休老人往往还需要照顾其八九十岁的父母，但同时可能还需要照看第三代。不过从数据来看，照顾第三代的比例低于照顾老人，或许正如前文所说，少子化带来了出生人口的锐减。

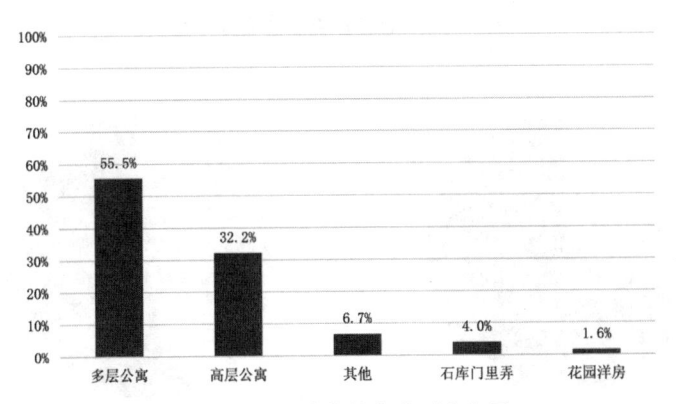

图 4-11 受访者住房类型分布图

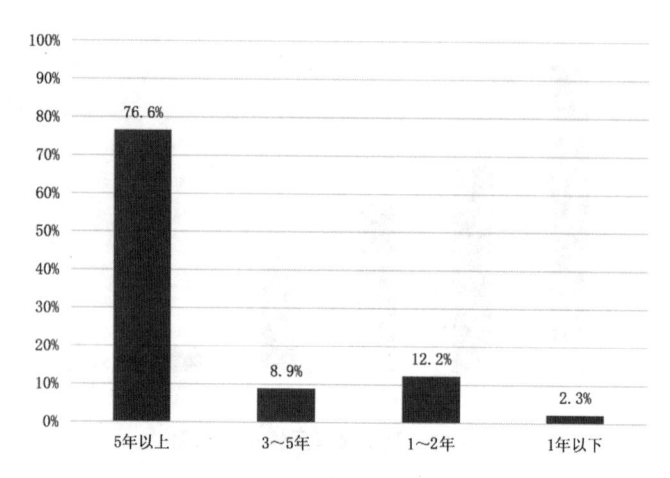

图 4-12 受访者社区居住时间分布图

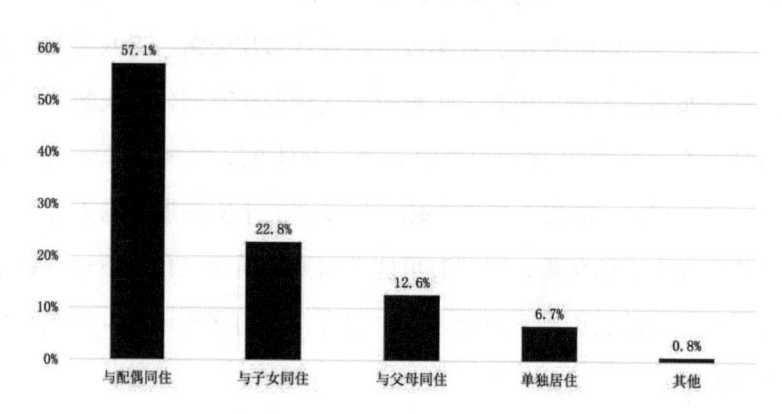

图 4-13 受访者居住情况分布图

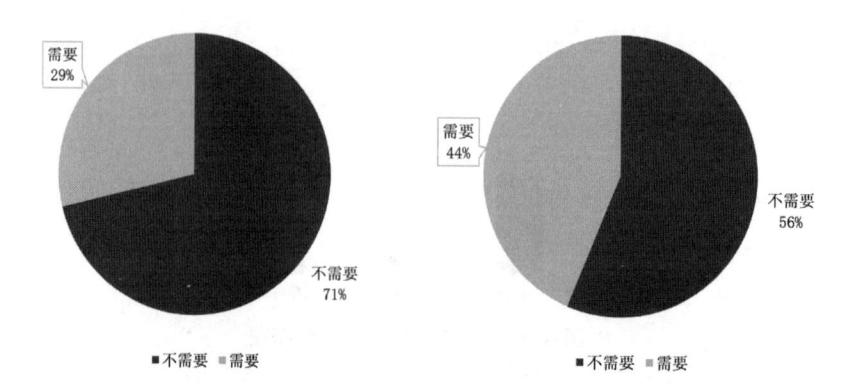

图 4-14 受访者照顾第三代情况

图 4-15 受访者照顾老人情况

第4章 社区教育的历史沿革与发展现状

受访者的收入集中在 3000～5000 元占四成多，中位数也落在这个区间内，不过 5000～10000 元占比也达到 35.9%。受访者主要经济来源是离退休金，35% 的人每月消费支出是 3000～5000 元，和收入相匹配，而其中三分之一的人，其文化消费支出是 100～300 元。

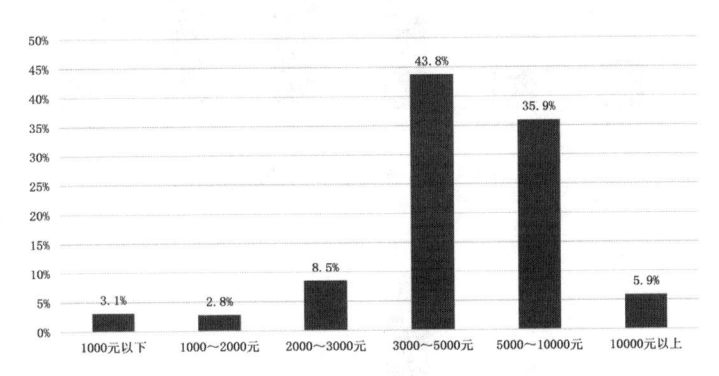

图 4-16 受访者收入水平情况分布图

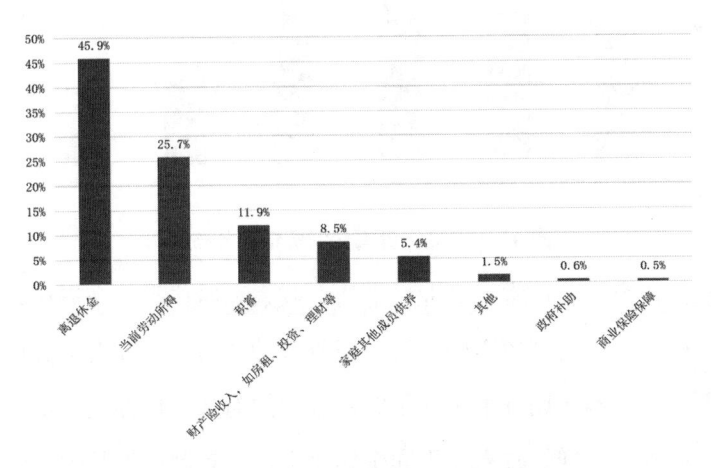

图 4-17 受访者经济来源情况分布图

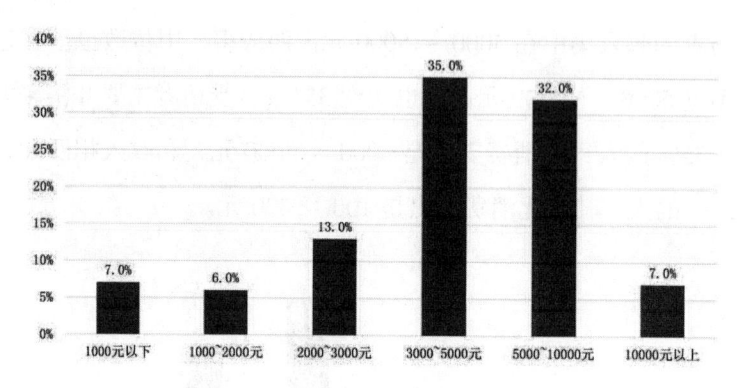

图 4-18　受访者消费支出情况分布图

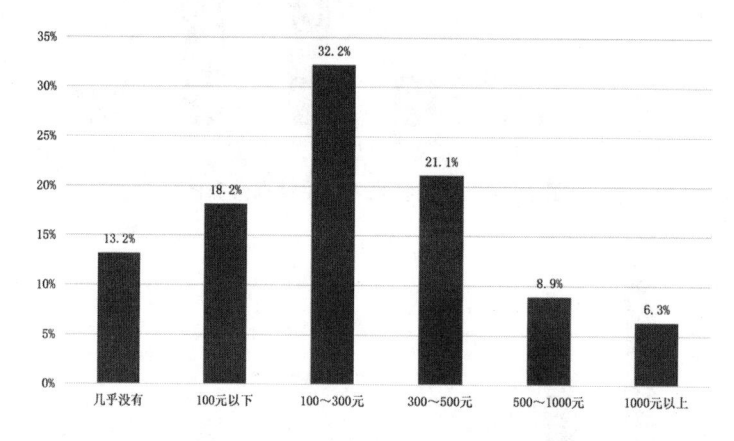

图 4-19　受访者文化消费情况分布图

以往的研究中，通常以职业、学历、收入和居住类型来表征阶层，其中尤其是收入一直受到较多的关注，但收入的填写一直存在主观性和随意性的问题，即使本次调查采用的是定序选项的勾选，仍存在少量的样本不答漏答。此外，同样的收入在不同个体身上，会有迥然不同的解读。笔者一直试图探索以更为客观的指标来测量样本的阶层，并做进一步分析。在上海，各地区的房价差异较大，且即使在同一区域，由于房龄的新旧、小区的品质、对应学区不同，都可能造成房价的落差，而房价再配合其他变量，在某种程度上或可反映出居住者的阶层地位。因此，问卷的首页，笔者设计了让受访者在填写所在区、街道的同时，还要写下自己居住的小区名称。图 4-20 和 4-21 是本次调查样本居住地在上海的分布图，以及在占比较高的普陀区的分布图。

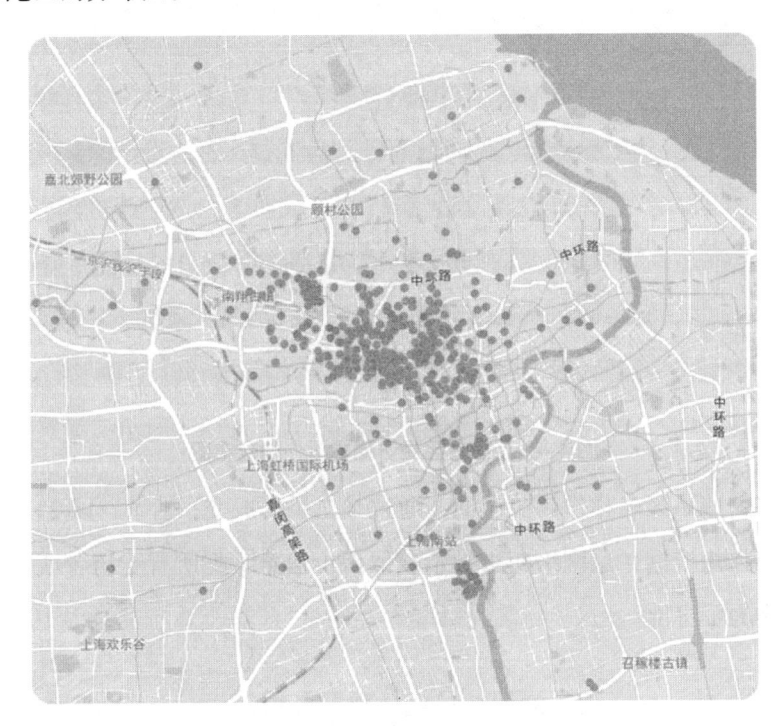

图 4-20 上海受访样本居住地分布图

社区教育与基层社会治理

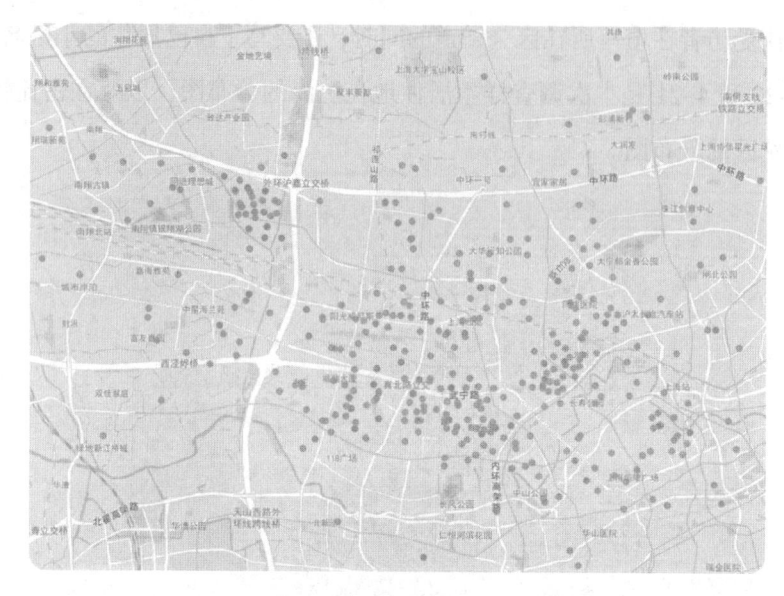

图 4-21　普陀区受访样本居住地分布图

将这些小区名称作为关键词，通过某二手房成交平台①，以 2021 年 8 月房价作为依据，用网络爬虫批量获取房价信息，把所有受访者填写的小区替换为了房价。

---

① 相对而言，该二手房成交平台的价格较为真实可信，当前出于政策调控的原因，部分房产中介的对外价格和实际成交价格存在一定落差，因此笔者选择该平台作为调查房价的检索平台。

第 4 章　社区教育的历史沿革与发展现状

问卷编号ID	所在区	所在街镇	所在小区	房价
867	普陀	桃浦	白丽苑	43956
869	静安	芷江西路	芷江西路123弄	72084
884	浦东	北蔡	南新四村	59677
123	普陀	曹杨	兰花园	103452
206	静安	共和新路	金纺小区	77486
398	普陀	桃浦	阳光水岸苑	49855
400	普陀	桃浦	桃浦九村	47089
154	静安	彭浦	幸福小区	75936
155	静安	彭浦	幸福小区	75936
182	浦东	三林	东方悦居	79766
183	普陀	长征	长征家苑	73240
185	普陀	长征	新长征花苑	66908
188	普陀	宜川	宜川二村	64435
521	普陀	长征	爱建新村	66106
588	闵行	江川	凤凰城	78537

图 4-22　小区房价变量结构化处理示意图

其中有 34.9% 的受访者漏填不填，或者小区信息不全，导致无法检索对应房价。在有效填写的样本中，房价均值是 70573 元，中位数是 67469 元，与样本集中的普陀、静安、徐汇等上海中心城区房价基本吻合，最小值 23886，最大值 144294，样本也覆盖到了上海部分郊区和中心城区高端社区。对该变量做分层处理，分为 4 万以下、4 万～5 万、5 万～7 万、7 万～10 万和 10 万以上五档，中等价位 5 万～7 万和 7 万～10 万占比最多，分别达到 39% 和 35%。可以从图 4-23 清楚地看到不同价位的小区在上海地图上的分布，低价位小区基本分布在中外环，中等价位小区大多在中内环，10 万以上的高价位小区基本在内环内。

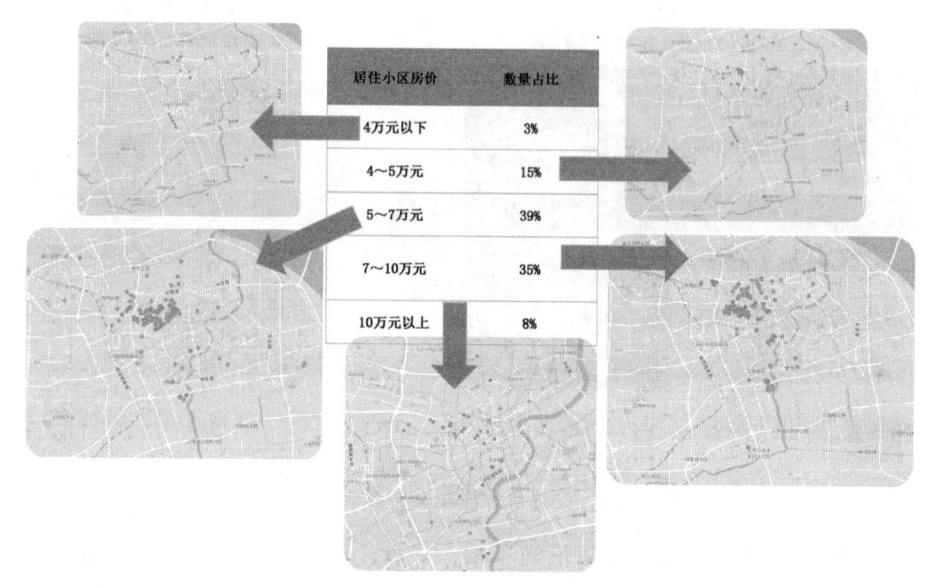

居住小区房价	数量占比
4万元以下	3%
4~5万元	15%
5~7万元	39%
7~10万元	35%
10万元以上	8%

图 4-23 居住在不同价位小区的样本的分布图

问卷调查显示，收入水平是影响参与社区活动的主动性的重要因素，低收入水平受访者参与主动性最低，有13.0%月收入在1000元以下受访者表明不会参与。与父母同住的居住状况严重影响受访者参与社区活动的主动性，9.8%"与父母同住"的受访者表明不参与的态度。

外地户籍受访者参与社区活动的主动性较弱。住房档次对参与社区活动的主动性有着显著的影响，低住房档次（小区平均房价在4万元以下）的受访者有23.1%表明"不管怎么样，我基本都不参与"，中高住房档次的受访者则参与社区活动的主动性相对更强。教育水平越低，参与社区活动的主动性也相对越低，有20.0%小学学历受访者表明"不管怎么样，我基本都不参与"。

约有85%受访者参加社区教育活动的主动性较高，其中有三分之一受访者表示经过宣传动员，其参与积极性更能被调动。大部分人只愿意做参与者，而非组织者。相比之下，男性受访者参与社区活动的主动性相对更低，

第 4 章 社区教育的历史沿革与发展现状

年轻受访者参与社区活动的主动性较弱。

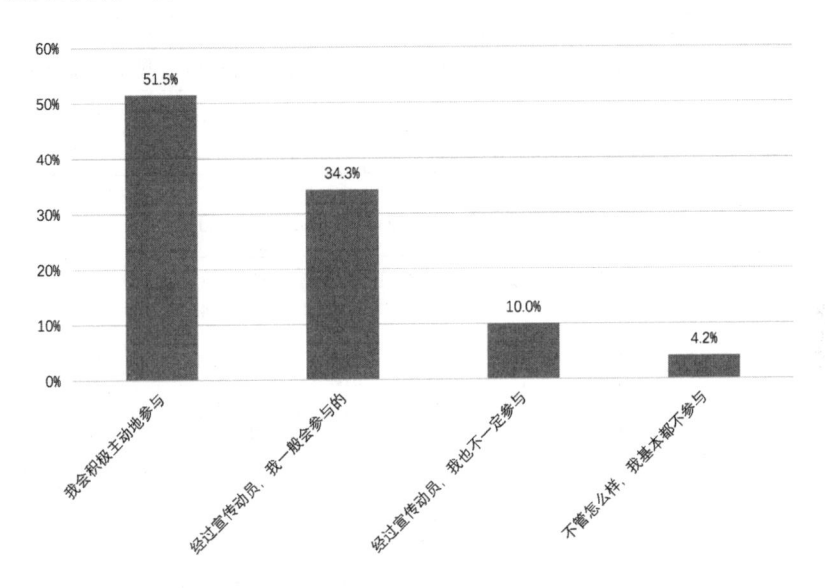

图 4-24 参与社区活动的主动性分布图

表 4-3 性别因素对参与社区活动主动性的影响

性别因素	我会积极主动地参与	经过宣传动员，我一般会参与	经过宣传动员，我也不一定参与	不管怎么样，我基本都不参与
男性	45.1%	36.6%	13.8%	4.5%
女性	53.1%	34.2%	8.6%	4.1%

表 4-4 年龄因素对参与社区活动主动性的影响

年龄因素	我会积极主动地参与	经过宣传动员，我一般会参与	经过宣传动员，我也不一定参与	不管怎么样，我基本都不参与
20 岁及以下	32.3%	35.5%	6.4%	25.8%
21～30 岁	18.7%	37.3%	37.3%	6.7%
31～40 岁	31.0%	45.1%	15.9%	8.0%
41～50 岁	41.0%	44.6%	12.0%	2.4%
51～60 岁	63.0%	28.8%	6.5%	1.7%
61～70 岁	64.6%	29.2%	4.3%	1.9%
70 岁以上	60.8%	35.3%	0.0%	3.9%

表 4-5　户籍因素对参与社区活动主动性的影响

户籍因素	我会积极主动地参与	经过宣传动员，我一般会参与	经过宣传动员，我也不一定参与	不管怎么样，我基本都不参与
上海户籍	53.2%	33.5%	9.1%	4.2%
外地户籍	37.6%	42.2%	16.5%	3.7%

表 4-6　住房档次因素对参与社区活动主动性的影响

居住小区平均房价因素	我会积极主动地参与	经过宣传动员，我一般会参与	经过宣传动员，我也不一定参与	不管怎么样，我基本都不参与
4万以下	53.8%	15.4%	7.7%	23.1%
4万~5万	49.4%	32.1%	13.6%	4.9%
5万~7万	50.7%	30.7%	12.7%	5.9%
7万~10万	55.7%	34.4%	8.2%	1.7%
10万以上	53.2%	42.6%	2.1%	2.1%

低价位小区或居住条件相对较差的受访者参加社区教育的意愿更低。与父母同住的受访者，要么年龄偏小，要么经济状况不佳，因此参与意愿也不高。

表 4-7　户籍因素对了解或参加社区教育课程意愿的影响

户籍因素	比较愿意	不太愿意	非常愿意	愿意
上海户籍	17.6%	4.4%	55.4%	22.6%
外地户籍	24.5%	5.5%	38.2%	31.8%

表 4-8　住房档次因素对了解或参加社区教育课程意愿的影响

居住小区平均房价因素	比较愿意	不太愿意	非常愿意	愿意
4万以下	21.4%	14.3%	50.0%	14.3%
4万~5万	22.9%	1.2%	53.0%	22.9%
5万~7万	22.5%	6.2%	49.8%	21.5%
7万~10万	14.9%	2.6%	59.6%	22.9%
10万以上	18.8%	2.0%	50.0%	29.2%

表 4-9　住房类型因素对了解或参加社区教育课程意愿的影响

住房类型因素	比较愿意	不太愿意	非常愿意	愿意
多层公寓	18.2%	4.0%	52.1%	25.7%
高层公寓	18.3%	5.0%	56.9%	19.8%
花园洋房	23.1%	7.7%	61.5%	7.7%
石库门里弄	27.3%	6.0%	30.3%	36.4%
其他	16.4%	9.1%	43.6%	30.9%

表 4-10　居住情况因素对了解或参加社区教育课程意愿的影响

居住情况因素	比较愿意	不太愿意	非常愿意	愿意
与配偶同住	17.1%	3.2%	58.3%	21.4%
与子女同住	20.8%	3.1%	51.8%	24.3%
与父母同住	27.2%	13.6%	29.6%	29.6%
单独居住	22.4%	4.5%	53.7%	19.4%
其他	12.5%	0.0%	50.0%	37.5%

近八成的受访者认同参加社区教育是为了学习和做自己感兴趣的事，超过一半的人是为了学习知识和技能，可见社区教育确实满足了大部分受众的学习需求。同时，一半的人是来认识朋友，避免孤独和寻求活动的公共空间也是占比较高的选项。尤其是五十岁以上的中老年人中，避免孤独、接触社会和喜欢公共活动空间是他们参与社区教育的主要原因。

"没时间""没有自己喜欢的课程/活动内容"和"距离偏远且交通不便"在众多受访者中是提及率前三的不愿意参加社区教育的课程或活动的原因，少部分存在经济和家人不支持的因素。在访谈中，也有多位被访者谈到，平时忙于家务和照顾家庭，来参加社区教育课程和活动的时间相对较少，且部分市民对于已经非常低廉的费用仍然会考虑再三。

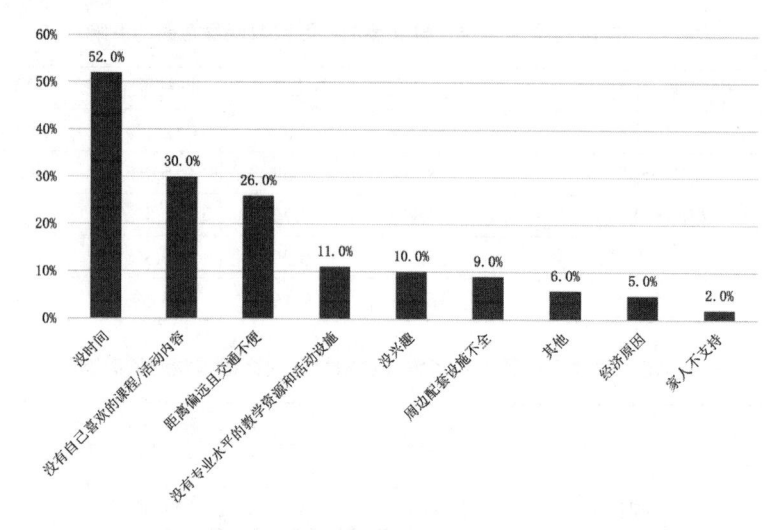

图 4-25　不参与社区教育的课程或活动的原因分布图

在问卷调查中，设计了一道是否愿意将社区教育所学的知识技能奉献社区的题目，并依据若干人口属性，来判断其是否对社区奉献有显著影响。本模型应用 Logistic 回归算法进行分析，用于估计居民对社区奉献发生的可能性，以及影响因素有哪些，将性别、年龄、户籍情况、教育情况、健康状况、收入状况、所住小区房价情况、居住情况等诸多人口属性作为潜在的影响因素 X，社区奉献意愿作为 Y，做二元 Logistic 回归分析。根据结果显示，对于影响关系的评估，在 95% 置信度要求下，P 值需要小于 0.05，模型共筛选出三个有显著统计意义的自变量，如下所示：

●年龄，P 值 =0.04，回归系数为正，表明年龄越大，对社区奉献的意愿越强；

●教育程度为小学，P 值 =0.07，回归系数为负，表明教育程度为小学的受访者，对社区奉献的意愿较弱；

●所住小区房价为 4 万元以下，P 值 =0.01，回归系数为负，即表明所住小区房价为 4 万元以下，对社区奉献的意愿较弱。

除以上 3 个自变量之外，其他变量下的 P 值并未达到具有显著统计意义的程度。ROC 曲线检验模型的预测值是 65.52%，说明模型预测功能尚可（大于 50% 即表明有优于随机的预测性）。可以发现，年龄较大、教育程度中上、中间阶层的群体对奉献社区的热情较高，与前文的调查数据也基本吻合。

调研问卷涉及的其他数据将穿插在下文论述中呈现，从调研数据可以看到，社区教育的主要对象群体大致可以描述为：中老年人，收入和居住小区中等偏下，大多拿着退休金，高中或大专学历，住在普通的多层或高层公寓小区（5 万～10 万 / 平万米）5 年以上，身体状况一般还不错，可能需要照顾第三代或父母，但不用投入太多精力；对于文化教育类活动比较感兴趣，乐意参与社区活动，渴望社会交往和公共生活，对新鲜事物和新兴技能有比较强烈的学习欲望。具体的数据将在下文的分析中呈现。这部分调研内容只是作为本次研究的背景材料，并非严格意义上的定量研究。

面对这样的群体，社区教育解决的是三个层面的问题：一是个体层面的学习需求，二是群体层面的公共活动，三是社会层面的集体认同和社会规范。在上述的调查中，可以看到，社区教育显著增加了这些人群的互动频率，也就是增加了社区的社会密度和动力密度。笔者在访谈中曾听到一位社区工作者谈及工作经验时提到，"要做好基层社区的治理，就是要不断地搞活动"。活动本身可能内容形式多种多样，但重要的是"不断"，显然增加居民间的互动频率，拓展其面对面交流的渠道，才是其中的关键。

第 5 章　聚合与参与：社会容量与整合程度的提升

正如上文中反复提及的，个人在任何时代、任何社会，都需要群体生活的公共领域，以获取集体带来的安全感，人们在社区的生活同样需要汲取群体的力量来消解个体的不安和焦躁。人们对于社区教育，与其说是学习的需求，毋宁说是聚合的需求，借用滕尼斯共同体的概念，学习的共同体是人们在学习中熟悉和互动的载体，而参与的过程将不同年龄、阶层的人群整合在了同一个空间内，其公益性的价格和公共服务的属性，使其对不同阶层的群体来说是一种缝合剂。社区教育，可以成为个人与社会和群体间的一条纽带，社会容量和整合程度的提升，有助于让这条纽带更为强韧，让游离于基层社会治理视野之外的个体，被纳入人们互相熟悉和依赖的社会生活中。

5.1 营造和满足学习需求，形成学习共同体

"概念即是集体表现"，终身学习的理念被普及和广泛接纳，集体情感在这个过程中被不断激荡，共同体的形成让这种集体表现得以成为可能。

5.1.1 宣传终身学习理念

世界各地的教育学专家都在宣扬"终身学习是一种 21 世纪的新的学习观""终身学习是面向未来的战略""终身学习是 21 世纪的生存概念"（吴遵民，2010：30）等理念共识，进一步将"终身学习"这一概念"神圣化"。创造一个概念，让这个概念成为社会主流意识形态的核心，反映事物的普遍关系，"概念即是集体表现"（涂尔干，2006：413）。将这样一个概念放大，社会大众的心灵之间就产生了紧密的联系。在经济高速发展时期，社会矛盾尤为突出，"当人们强烈感觉到不公正的时候，治理困境就会出现"（张静，2019：7），"社会生活在其所有方面，在其历史的各个时期，都只有借助庞大的符号体系才会成为可能"（涂尔干，2006：220）。这个符号被制造、被神化、被灌输、被赋予新的内涵，反复出现在社会生活的方方面面，提醒社会成员其重要性，社会成员被其激发出来的情感，也被反复刻印在这个符号所依附的各种事物之上。

我们创造"终身学习"的概念，是为了在现代社会，让每个人不仅要不断学习社会事物的意义，而且要与它们保持一致，通过它们来塑造自己。社区教育在这个理念的推动下，不断创新社区教育学习方式，将课堂学习和各类文化教育活动有机结合，积极探索社区教育新模式，开展读书、讲座、参观、展演、游学等多种形式的教育活动。推动社区内各类学习资源共享，促进各部门系统的学习课程开放，发挥公共文化设施的社会意义，

社区教育与基层社会治理

推进各类公共设施面向社会免费开放，吸引了大量人群参与到基层社区的活动中，增加了社区教育的"社会容量"。

问卷调查中，绝大部分受访者认可社区教育是很有必要或应该办的，认为"可办可不办"的仅占8.5%。对不同变量的分析表明，女性更认同社区教育的必要性，30岁以下的年轻人的认同度明显低于60岁以上的老年人，上海户籍的受访者比外地户籍者认同度更高。按小区的房价来分层，价位较低的小区居民认同度偏低，同时学历和收入较低、身体状况不太好、与父母同住的受访者，也对社区教育认同度不高。上述因素基本都可以相互印证，且可以呈现出社区教育受众的粗略特征。

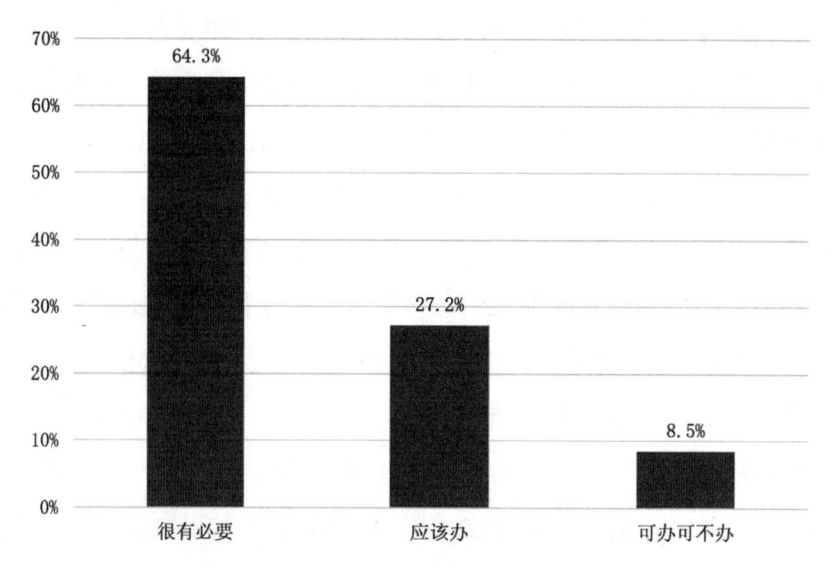

图 5-1 受访者对兴办社区教育的态度分布图

表 5-1 性别因素下对兴办社区教育看法的差异

性别因素	很有必要	可办可不办	应该办
男性	58.6%	10.3%	31.1%
女性	66.0%	8.0%	26.0%

表 5-2　年龄因素下对兴办社区教育看法的差异

年龄因素	很有必要	可办可不办	应该办
20 岁及以下	28.1%	18.8%	53.1%
21～30 岁	38.2%	18.4%	43.4%
31～40 岁	54.4%	8.8%	36.8%
41～50 岁	59.0%	6.1%	34.9%
51～60 岁	69.8%	9.9%	20.3%
61～70 岁	76.3%	5.6%	18.1%
70 岁以上	69.3%	1.9%	28.8%

超过九成的受访者有了解或参与社区教育的意愿，非常愿意的超过一半。根据对年龄、收入和学历的交叉分析，并将"非常愿意""比较愿意"和"愿意"三个选项予以合并，发现年龄和参与意愿成正比，忙于事业的中青年人群显然不是社区教育的主要受众，中等收入群体参与意愿显著高于低收入和高收入人群，而学历为高中的人群也比低学历和高学历的人群更愿意参加社区教育。这与笔者在社区教育活动中观察到的主体人群特征基本相符，即年龄偏大、收入有一定保障、有一定文化程度的群体。这部分人群有足够的空闲时间和经济收入，同时也对精神文化生活有一定追求，但同时其收入水平又不足以支撑其完全依靠市场购买来满足其需求。收入较低、学历较低的人群往往在为生计奔波，无暇参与社区教育，而高收入、高学历的群体可以通过其他渠道获得文化教育资源，不侧重参加社区教育，因此社区教育的受众画像是相对固定的。

社区教育与基层社会治理

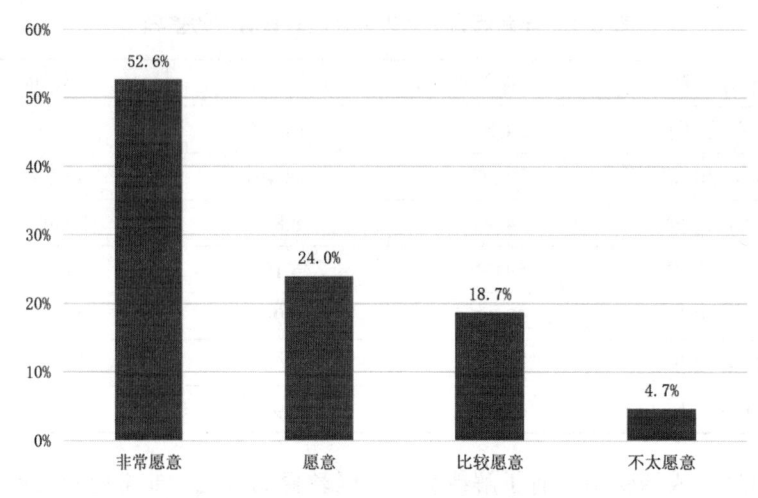

图 5-2 受访者参与社区教育意愿情况分布图

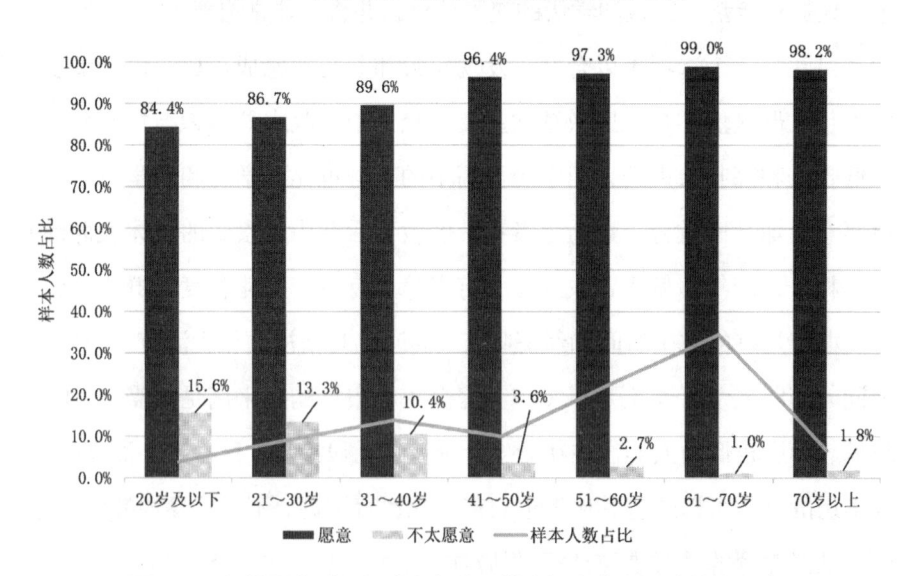

图 5-3 年龄因素对了解或参加社区教育课程意愿影响的交叉表

在现代化社会出现之前的大部分时间，受教育权一直都是稀缺的，新中国成立初的文盲率达到 80%，欧美在工业革命之后的识字率也相当低。即使普及了基础教育，且高等教育也在大众化的当下，教育在许多人的意识中也是和年龄高度挂钩的。接受完普通学校教育之后，人们对教育的认识有两个分歧,一是是否还有必要继续学习,或在人生的不同阶段不断地学习;二是除了技能、知识和学历之外的学习,是否还有必要,或是否可以称其为教育。"终身学习"就回应了这两个疑问:一是人生每个阶段都应该学习,"学不可以已";二是满足自身爱好、休闲、娱乐的学习,也是现代教育的一部分,且会成为今后许多人走出校门之后接受教育的一种常态,而社区教育是其中比较典型的一类。

5.1.2 满足不同群体学习需求

社区教育在创造市民"学习"的需求,同时也在回应这种需求。社区教育机构的网络体系让市民在正规学校教育之后,意识到"终身学习"的价值和意义,同时也营造出各类学习方式和场所,鼓励和推动市民参与其中。这让"终身学习"成为一件光荣的事,成为大多数人必须做的事,尤其成为一个中上阶层或者期望成为中上阶层人士必须做的事,这让人们普遍感觉,学习让自己变得"更理性""更科学"。

案例1:上海市长宁区打造区域"1+N"多元学习网络

上海市长宁区以长宁市民学习中心作为区体验学习的核心,开发体验及课程建设,也就是"1"个中心。各街道镇在区市民学习中心的带动下,充分利用社区内部及社区学校现有的资源,丰富体验学习内容;区学习办协调、整合社会资源,逐渐形成"N"个终身学习体验基地、社会学习点。2015年挂牌共6家体验基地,2016年10家,2017年8家,"N"的类型和内容在对接市民学习需求中不断扩大,最终形成布局合理、内容丰富、形式多样的终身学习网络。

长宁区在推进市民终身教育学习体验基地与学习点的建设中,在社区教育系统内部挖掘资源,将各街镇社区学校、教学点的特色项目和学习资源,通过确立体验基地与社会学习点的方式,打破地域的局限,向本区全体市民开放，实现"资源共享、优势互补、联动发展"的效果。比如，新华路街道瓷绘体验基地、江苏岐山教学点爱国名人故居体验基地、仙霞新村街道原创纸艺体验基地都是基于街镇社区学校、教学点特色课程和品牌项目所创立。

在调查中，受访者表示社区教育应当具有或承担的前三大功能是"知识技能传授""传统文化传承"和"邻里和谐建设"。21～30岁受访者更倾向于社区教育应当承担"知识技能传授"的功能，31～40岁受访者更倾向于"休闲娱乐营造"功能。

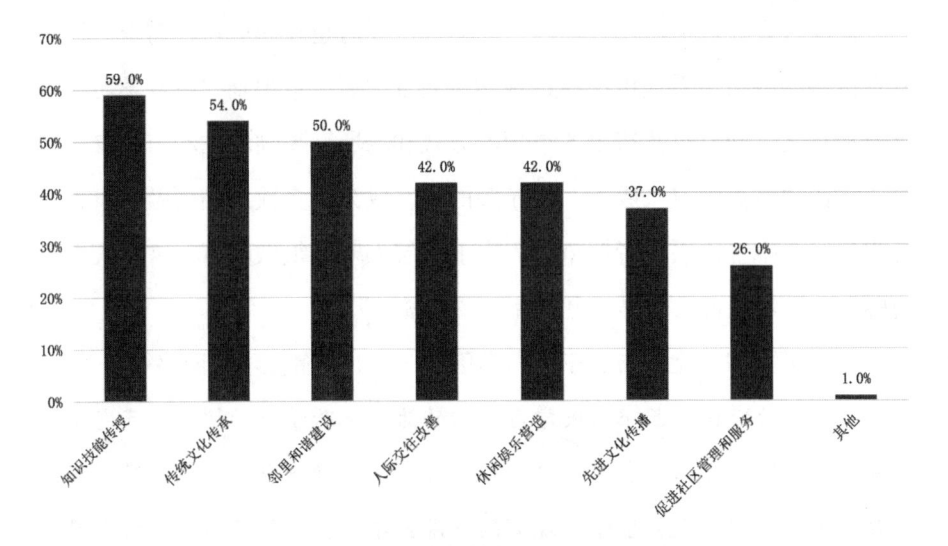

功能	比例
知识技能传授	59.0%
传统文化传承	54.0%
邻里和谐建设	50.0%
人际交往改善	42.0%
休闲娱乐营造	42.0%
先进文化传播	37.0%
促进社区管理和服务	26.0%
其他	1.0%

图5-4 社区教育应承担的功能分布图

根据上海学习网的社区教育课程分类，分为知识型课程（财经类、文史类、外语类、科技类等课程）、技能型课程（书画类、家政类、计算机类、钢琴类、器乐类等）、休闲型课程（文化、艺术类等）、保健型课程（如医学保健、食疗营养、养生保健、强身健体等）、综合型课程（如投资理财、花鸟养殖、烹调剪裁、法律知识、心理等）以及其他，基本涵盖了社区教育的课程类目，同时也避免了有些分类过于琐细的弊病。超过半数受

第 5 章 聚合与参与：社会容量与整合程度的提升

访者提到最想学到的课程是技能型课程，休闲和保健类课程提及频率也颇高。21～30 岁受访者更希望学到"知识型课程"，31～50 岁受访者更希望学到"综合型课程"，51～60 岁受访者更希望学到"保健型课程"。初中学历受访者表示希望学到"保健型课程"，本科学历受访者表示希望学到"知识型课程"。

学校教育的内容和形式基本固定，比如中小学的语数外理化生，大学的科系专业分类。社区教育没有严格意义上的学科类目，部分省市会根据诸如艺术类、技能类、休闲类等方式来分类，或者如上海的知识型、技能型、休闲型、保健型、综合型的分类方式，但标准也没有完全统一，各地莫衷一是。于是，在不同的区域和时代，对应社区居民的不同需求，社区教育发展出了许多教育内容和形态。20 世纪 90 年代的外来人口学校、个体户学校是改革开放初期面对新生事物的社区教育产物，而上面出现的休闲、保健等课程是伴随社会经济发展，人们对生活品质的期待提升而出现的精神文化产品。

居民参与社区事务的过程是渐进式的，我们很难奢望居民一下子就跳跃到参与治理的阶段，往往是从参与文化娱乐组织开始，然后发展到参与学习类组织，再发展到参与管理和治理。在这个过程中，"社会"的主体性就得到了确立，基层社区的公共性得到培育，公共空间得到拓展，社会建设就能顺利推进。

社区教育为居民提供了一个重要的公共空间，而社区公共空间对于推进社区交往、交流有积极的作用，通过居民参与，可以"增加社区邻里与社区互动的认同感"（李强，2017：12）。我们以往非常强调对于政府的认同，但往往忽视了居民对于自身居住社区的认同，认同是产生联结、信任，乃至形成共同体的重要前提。

5.1.3 构建学习共同体

在访谈中发现，社区居民渴望与时俱进，喜欢群体学习活动的氛围。闵行区莘庄镇周大爷说："原来没有参加社区教育之前，主要生活就是跟老邻居一起搓麻将，周围的老人多是四处唠叨家长里短，感觉生活沉闷乏味，还经常因为张家长李家短的事情发生争吵。来上课之后生活作息有规律，会定期前往社区学校上课，社区学校的氛围就很好，老伙伴会一起就上课的内容讨论，耳边也少了很多唠叨。我来上养生保健的课，也会把上课的内容带到生活当中去。"

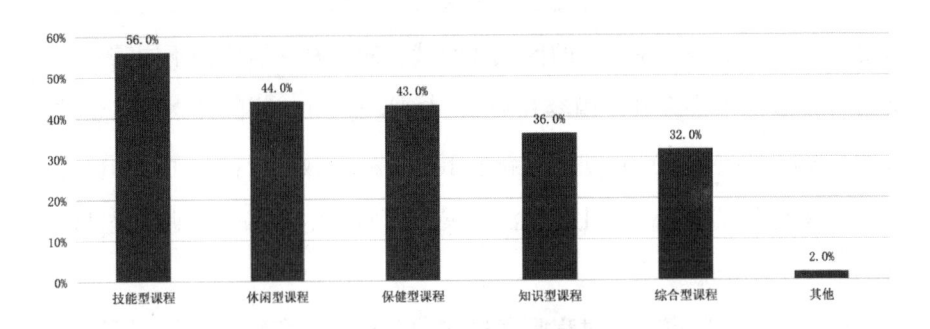

图 5-5 希望学习的课程类型分布图

课程类型	百分比
技能型课程	56.0%
休闲型课程	44.0%
保健型课程	43.0%
知识型课程	36.0%
综合型课程	32.0%
其他	2.0%

超过六成的受访者提到师资水平是其最在意的社区教育要素，其次是硬件设施和课程设置。对参加过和没参加过社区教育的群体进行分类，发现差异明显，没参加过的受访者更在意个人收获、环境卫生和课时安排，参加过的人更在意师资水平、学校管理和硬件设施。在访谈中，杨浦区长白新村街道的居民说道："现在老年大学的老师都是很认真负责的，我自己报名的课程是书法班，老师和我们一起研习字帖，我们等于形成了一个小团体，一起学习、一起活动，会不定期去博物馆看字帖，让我平时的业余生活更丰富了。"

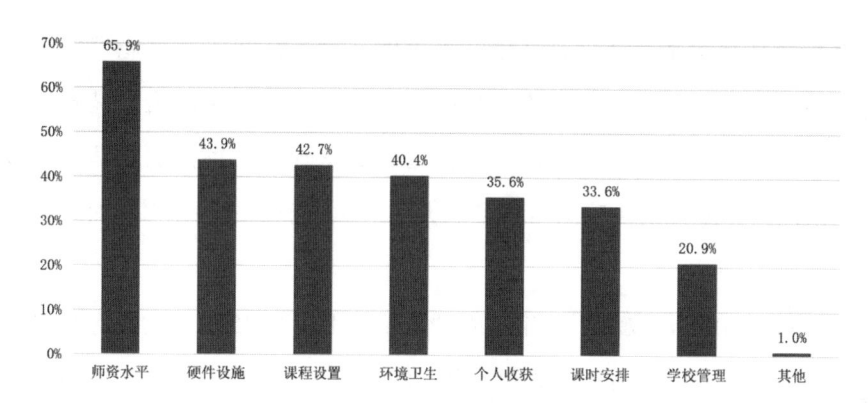

第5章 聚合与参与：社会容量与整合程度的提升

图5-6 参与社区教育在意的因素分布图

师资水平 65.9%
硬件设施 43.9%
课程设置 42.7%
环境卫生 40.4%
个人收获 35.6%
课时安排 33.6%
学校管理 20.9%
其他 1.0%

许多受访者对社区教育满足其学习需求方面持高度认可的态度，宝山区大场镇李大爷说："自从上了老年大学之后，对于很多社会上的新鲜事物有了了解，特别是手机微信还有支付宝之类的手机应用都知道怎么去使用，家里面子女平时工作忙，没有时间细心跟我们说手机上的很多玩法，我们也就一知半解地用着，看电视的时候又经常会看到手机诈骗的新闻，用手机的时候会担心被骗。现在在老年大学上手机使用的课程之后记住了，不能把身份证号码随便给别人，特别是接到陌生电话问银行卡号的会特别注意。所以，身边的老朋友要是没有来上过课，如果有机会的话，都介绍他们来老年大学上课。"从结果的角度来看，社区教育确实通过课程、活动、讲座等形式满足了不同人群的学习需求，通过社区教育赋予了社区成员以新的生活意义。社区成员中，许多人要么平时工作极其忙碌，缺乏与社会沟通的平台，要么是退休后空闲时间太多，与主流社会脱节，社区教育使他们找到了新的舞台，丰富的活动内容充实了空闲时间。社区教育为社会边缘群体提供了缓冲和纾解的平台，这与多年前社区教育创立之初的"维稳"想法是不谋而合的。

另一个更为有趣的案例，是社区教育将学历教育与老年群体结合在一起，创造出了一种新型的教育形态。人们进入老年生活后，总是希望活得长寿且有意义，使自己一生并不虚度。寻求新知本身就能带来极大的乐趣，"对于有理智的、受过良好教育的人来说，这种快乐是随着他们年龄的增长而增强的"，因为"他活到老学到老，每天都要学习许多新的东西，其他一切快乐当然不可能大于这种理智上的快乐"（西塞罗，2016：26）。

我国在2001年取消了考生"未婚、年龄不超过25岁"的高考年龄限制，但受限于知识结构、理解能力等条件，能够迈入全日制高校大门的老年人必然凤毛麟角。部分老年人出于年轻时没能进入大学的缺憾，或是自身小众化、个性化教育和高层次学习的想法，认为老年大学开设课程恰好能满足其学习需求。上海曾在2016年左右，在上海大学等少数几个高校，试点老年人报名进入大学课堂旁听，旁听的课程多是文史哲、时事政治类的课程。上海各高校，如复旦、交大、华师大、上大等，也都举办了自己的老年大学，学员多是自己学校的退休教师。

案例2：让老年人走进高校本科教室"随堂听课"

上海大学在校领导和上大教务处的支持下，依托"校中办校"的教育资源优势，首创了让老年学员走进大学课堂、与年轻学子同班听课学习的"随堂听课"教学模式。

每学期经上大教务处，在大学本科课程中遴选出200余门课程向老年学员开放。学校征求老年学员意见后，从中再精选50余门课程，内容涵盖政治、经济、历史、文化、艺术、宗教、科学研究前沿成果等各类学科，制成"随堂听课招生简章"，让老年学员自主选择、报名听课。与年轻学子同坐一个教室，直接聆听大学老师、教授、博导上课，当一回真正的大学生。上海大学老年大学开设"随堂听课"，老年学员选课60余门，受益人数近百人。

"随堂听课"教学模式发挥了高校办老年大学的独特的资源优势，扩大了老年大学课程范围和师资资源，为满足老年教育中的个性化教育和高层次学习的需求创造了条件。老学员"随堂听课"，对同堂的讲课老师和年轻学子也是一种鼓舞与促进，老年学员认真的学习态度和丰富的社会经历也为教学互动更添精彩。

滕尼斯在共同体理论中畅想了一个乌托邦式的社会模型，本能、习俗和共同记忆构成了共同体的自然意志，但在现代社会流动性加剧和分工细化的时代背景下，显然只能是恬静美好的幻想。社区教育构建了一个学习的共同体，学员是一个临时聚合的群体，他们对课程的选择比高校学生更为自由，没有专业和科系的约束，只是自身的兴趣和需求使然，比如近几年许多中老年人会学习如何使用智能手机，女性会报名参加时装走秀班。相比大学生对学分和绩点的看重，在社区教育受众这里，是完全不存在类似焦虑的。虽然上海也成立了终身教育学分银行，并一直在思考如何打通学历教育和非学历教育之间的学分门槛，但在实际操作中，即使是学历教育内部的学分尚且无法互认，如 A 校的课程成绩到了 B 校多半不会被认可，更何况非学历教育的各种培训。换言之，社区教育受众对学分也没有太多现实的需要，他们更看重的是在学习共同体中获得的社交体验和互动，以及由此凝结成为共同记忆的时光片段。

5.2 提供社会公共服务，弥合阶层分化带来的落差

社区教育作为一种社会公共服务，已经越来越普及到各阶层的社区居民中，让普通民众以低廉的价格，享受到优质的资源，在一定程度上对于社会整合起到了促进作用。

5.2.1 纳入公共服务体系

公共服务体系包括教育体系、公共卫生体系、公共文化服务体系、社会福利体系等。在教育体系内,有起基本保障作用的义务教育,也有起社会分流作用的高等教育和职业教育,社区教育没有被纳入国民教育序列,所以更多体现出的是社会福利的性质,而非政府或法律强制要求提供的。部分省市,如福建、上海、北京等,先后出台法规条例[①],但在执行层面欠缺相应手段,更多停留在倡导和宣传方面。

案例3:没有围墙的公益讲堂

黑龙江省哈尔滨市南岗区打造了"没有围墙的公益讲堂",2016—2017年全区接受教育培训总人次2.4万,"没有围墙的公益讲堂"在南岗区全面铺开。"没有围墙的公益讲堂"为居民提供了一个方便快捷的学习途径,满足了不同居民的学习需求,有效地提高了社区居民的整体素质。公益讲堂从最初的社区推荐学员到学院学习,到同时在各个社区举办课程和活动,大大扩大了居民的学习面,使更多的居民享受到了社区教育提供的教育服务。

公共服务是"政府为满足社会公共需要而提供的产品与服务的总称"(许义平、李慧凤,2009:105),是全社会所有公民共同消费、平等享受的社会产品。公共服务体系的建立,是以政府为主导,以社会团体和私人机构为补充的一整套制度安排,为公民或组织提供基本的保障服务,其建立对于社会和谐问题具有非常重要的意义。社区教育,或者至少老年教育,成为公共服务的一部分已经被提上议事日程,而在经济发达地区如上

[①] 福建省是中国大陆范围内最早制定相关法规条例的地区,2007年《福建省终身教育促进条例》出台。之后上海、北京等地先后出台类似条例,以规范和促进终身教育、社区教育和老年教育的发展。

第5章 聚合与参与：社会容量与整合程度的提升

海、北京等地，事实上社区教育提供的市民学习资源和服务内容已经具有了准公共产品的内涵，在增进民众福利、改善市民精神文化生活方面发挥着作用。社区教育，作为一种准公共产品，其存在的意义就是以相对低廉的价格，为普通民众提供优质廉价的教育服务，以此来缝合由于阶层地位造成的社会地位落差。

上海市普陀区老年大学2021年秋季的开班列表，共有112个班，门类繁多，有乐器、国学、养生、英语、智能手机等。在疫情发生前，声乐和舞蹈是最受欢迎的两类课程。疫情前普陀区老年大学可达到每学期报名5000多人次、实际出勤3000多人的学员数量，其中单人可以报多门课程，最繁忙的学员会报五六门课，基本上一周中有五天都来老年大学上课。上海老年大学，即市级的老年大学，学员数更加惊人，在疫情前可达到每学期10000人次，一年近20000人次。各街镇老年学校的学员数根据各学校的情况会有不同，还是以普陀区为例，老龄化程度较高的街道，其老年学员数量也相应较高，可以达到一学期1000多人次。

如此庞大的办学规模，已远超开放大学的成人教育办学，且在招生形式上发生了极其有趣的逆转。电视大学在20世纪全民积极提升学历的年代，是不少知识青年甚至党政干部业余进修学习的重要平台，即便是挤在小教室里以看电视的方式学习，仍然乐此不疲、刻苦学习；但如今开放大学是免试入学，业余大学虽需要通过成人高考，但分数极低，三门课加起来不满一百即可入学，可仍然招生艰难，许多专业不满十人无法成班。反观老年大学，不少课程，如钢琴、合唱、舞蹈等，异常火爆，市老年大学和部分区级老年大学都出现过凌晨拿着小板凳来排队报名的现象，后来随着数字化平台和智能手机普及，网上报名普及后此类现象才消失。各地报纸都有报道"老年大学一座难求"的现象，当然其中也只是部分课程出现一座难求，但也反映出，一方面老年群体的学习需求旺盛，另一方面市场无法满足老年人的需求，需要社会以公益或半公益的方式来让其享受文化教育资源。比较典型的如钢琴课，普陀区老年大学的收费是 300 元一学期，共 16 次课，与市场价格完全不在一个等级，如此低的费用甚至无法覆盖钢琴的折旧成本。但老年教育让许多老年人体验到了他们本来无法或舍不得去体验的东西，这是其意义所在。

5.2.2 弥合不同阶层落差

仍以上文中普陀区老年大学 2021 年秋季学期课程为例，每学期 16 次课，每次两个课时，最低的收费是 150 元，大多数课程在 200 元左右，最贵的钢琴和烘焙课程也不过 300 元，远低于市场价格。笔者曾经也产生疑惑，政府提供这类服务产品，是否在干扰正常的市场行为，原本 3000 元市场价格的课程，以十分之一的低价提供给社区居民[①]，如何解释其合理性。经济学上讲价格决定供需矛盾，如果把这些资源的价格按照市场定价，肯定不会出现凌晨四点来排队报名的景象，这和超市里一块钱买十个鸡蛋引来一大批人排队几乎是一样的。但从社会的角度来看，社区教育举办这些课程的意义显然不仅仅是从市场价值的角度来考虑问题，而是在用公益性的服务价格，让中低阶层可以享受原本中上阶层才能轻易购买到的资源和服务。

老年人是夕阳人群，但近年来老年产业却被许多人看作朝阳产业，比如养老社区、养老地产。笔者有幸走访了部分养老社区，其中不乏以配套老年文化、体育、教育相关设施设备和专业人员为卖点的，但无一例外，

[①] 老年大学是面向老年群体办学，面向社区居民的社区教育也普遍价格较低，甚至于免费。如普陀区社区学院每周三下午会邀请各领域专家开设免费讲座，居民可通过微信公众号报名。上海市群众艺术馆推出的"市民艺术夜校"，包括了扎染体验、花艺体验、爵士舞入门等，12 次课收费 500 元，也属于半公益性质了。

这些产品的价格之高令人咋舌。仅买下这些养老社区的房产就需要数百万投入，之后每月还需要上万的费用，才能享用这些优渥的资源。

案例 4：养老公寓中的专家资源

某高端养老公寓，在其宣传页面中，学员的特点是平均年龄高（77 岁）、文化程度高（70% 为大专以上学历）。他们中 29% 拥有中高级职称，另有百余位享受国务院特殊津贴的高级专家，其中不乏航天、船舶、文学、艺术、历史等领域的著名专家。社区充分挖掘养老社区里的老年专家资源，聘请其中身体健康、经验丰富、热心公益的专家担任授课教师。这既解决了养老社区开展老年教育的师资问题，也调动了社区内老年专家的余热，使其继续发挥他们的价值。优质课程班有：由专业教师组织的英语唱班、由国家一级演员开设的朗诵班和由中国书画协会会员开办的书画组等。

入住上述老年公寓需要缴纳 78 万～198 万不等的押金，且每月消费在 1 万元左右，而这显然并不是目前养老社区中最昂贵的。从案例中提到的各种名师专家，就可见其并非普通百姓所能承担。社区教育面对的肯定是社区中下层的普通市民，甚至是底层百姓，老年教育面向的退休老人，有的退休金并不宽裕，有的一生节俭，他们不可能花费市场价格去体验这些所谓的"高端"课程。社区教育作为一种公共服务的意义就在于，让中低收入群体以远低于市场的价格，同样享受到中高端的教育资源，"授权给穷人，去做那些更有钱的人已经能做的事"（彼得·贝格尔，2015：67），让人们感受到对自己生活的掌控感，在教育资源的供给上消除一部分阶层差异带来的壁垒，起到维护社会和谐安定、确保人民共享发展成果的作用。比如前文提到的钢琴课程，部分参与课程的学员家中并没有钢琴，且可能也未必负担得起钢琴，但在学习钢琴的过程中，他们得到的是本不属于其阶层属性的体验和感受，以钢琴这样一种看似"高端""奢华"的符号，为其平凡的生活增加了一丝不同寻常的含义，可令其暂时超脱出原有的阶层位置,在狭小拥挤的老公寓楼里享受高雅带来的精神愉悦。访谈中,杨浦区长白新村街道陈阿姨感觉自己不再和时代脱轨:"平时就是在菜市场、超市、家里几点一线,天天觉得闷,和小姐妹聊的无非就是哪家小孩混得好,哪家的孙子更好看。有次陪着小姐妹去社区学校报了老年交谊舞班,以前年轻的时候一直没时间学,现在有时间去学,感觉现在更时髦了。"

以公益价格提供公共服务,社区教育让一部分中低阶层的群体获得优质教育资源的同时,并没有排斥其他的阶层人群。事实上,虽然报名钢琴课的学员趋之若鹜,但在一定区域内有这类需求的总体人数并不会非常多,由于钢琴教室容纳钢琴数量有限,因此只好对学员数量进行控制。在对钢琴班学员的调研中,笔者发现,愿意报名的学员中也不乏家庭条件优渥的,至少家中有能力置办一架钢琴。他们的经济条件是可以支撑其花费市场价格去学习钢琴的,但他们仍然愿意选择社区教育或老年教育,其原因除了消费观念之外,更重要的是他们也在寻求同辈群体。学校教育强调年龄层次,因为儿童到青少年阶段,年龄差距过大很难让非同辈群体产生学习兴趣上的共鸣,而在青春期同辈群体的影响达到顶峰,代沟是最为明显的代际差异。成年之后价值观固定,人对年龄差距的关注,随着年岁越长越淡化,四十岁和五十岁似乎可以是同一辈人,而六十岁以上都是老年人。大部分人还是更愿意和年龄接近的群体互动,中老年人如果以市场价格去社会机构学习课程,他们面对的多数是小孩,与孙子辈的孩子共同学习,且自己的理解力和控制力退化,学习进度未必比得过五六岁孩子时,这种伴随挫败感的学习体验是极其糟糕的。有一位钢琴老师曾跟我提到:"同样教小孩和老人弹钢琴,小孩是坐不住、调皮,但如果能好好学,进度是很快的,老人听课很认真,练习也很努力,但很多指法需要我反复讲,很可能过一个礼拜又忘了。"笔者继续追问"你更愿意教谁",回答是"教小孩的成就感更强,学得快,还有他们将来可能会出点成绩,老人的话更多是自娱自乐了"。既然是自娱自乐、陶冶情操,成年人自然也更期待在学习的过程中体验快乐,因为结果其实并不重要,无法在专业技艺上突破多高的天花板,何不在愉悦自己中获得美好的体验呢?社区教育对于受众的选择是无差别的,中小学要划分学区,高中和大学要通过中高考录取,成人的学历进修和职场培训需要成本投入,收费低廉的社区教育几乎是零门槛的。

5.3 整合不同群体,吸纳各类主体参与

涂尔干在《自杀论》里将社会整合与自杀率相联系,提出在整合度偏低的社会中,利己型自杀会更为多发,而在整合度偏高的社会中,会出现利他型自杀。同时,对于整合程度不同的群体,其自杀率呈现明显的区别,如性别、年龄、宗教信仰、婚姻状况都决定了其整合程度,进而体现在自杀率的高低上。

在一个集体主义观念本身比较盛行的社会,如中国,整合程度一定会比个人主义或自由主义盛行的地区来得高。如前文所述,单位制的瓦解和户籍制度的淡化,削弱了集体主义在当下中国的意识形态地位,社区居住形态的改变又让城市居民开始习惯独门独户的私人生活空间,与邻里和其他社区成员发生关联的可能性变小了,即个人变得更"原子化"了。需要正视的是,这是事实和趋势,并非我们一厢情愿的道德评判可以改变的。许多人呼吁社区要找回温情脉脉的传统熟人关系,如果对传统社区还存在留恋的话,多半只存在于老一辈等少数人的心里。尤其是年轻人,对居住空间的要求和生活方式的理念发生了转变,即使让他们回到上海石库门、北京四合院、胡同里弄或小县城老城区,硬件设施可以改善,但人际

关系的处理方式会令很多人不习惯。简言之，许多人宁愿享受现代生活带来的人情冷漠，对隐私的重视、文化休闲方式的多元、城市生活的便利性让人们可以独享关起门来的个人空间而不必社交，这种需求在某种程度上超越了人们对人情和社会交往的需求，"这种相互冷漠的状况恰恰削弱了集体的监控能力，增加了个人在现实生活中的自由度"（涂尔干，2005：256）。这也是为何"宅"成为一种文化现象，成为不少人自愿选择的生活状态，更是为何众多小镇青年离开了老家之后，愿意顶着高昂的房租和生活成本，在一线城市工作生活的重要原因，因为现代化意味着多元化和相对化，他们已经接触了"和他们原来的生长环境所不同的信仰、价值观和生活方式"，就难以回到之前刻板的非此即彼的生活方式了。

5.3.1 整合不同阶层的群体

在基层社会治理的困境中，面对多元化、相对化的现代城市生活，面对阶层分化、利益分化的不同人群，我们自然不能妄想回到整齐划一的年代，社会治理唯有在提升基层社区的整合度、同时保持现代都市生活多样性的前提下，才具有合理性。整合程度，作为重要的组织化指标，反映着社会成员与公共体制的关系，"如果个体和整体的连接广泛而有效，在结构方面的含义是，社会成员在公共体系中获得了位置"（张静，2019：81）。其意义在于，受到公共制度约束和保护的社会成员关系，能够有效降低人们互相攻击的可能性，使社会成员与公共机构之间的沟通更为顺畅，同时有利于人们在受到伤害时，顺利获取制度救济和裁定。

社区教育就是提升整合度的一种有效方式。教育家杜威认为，教育的基本功能，一是实现人的社会化，即整合的功能；二是促进社会平等化；三是促进人的身心发展、自我完善。社区教育同样承担了这些功能，而在"促进社会整合和凝聚，增进社会平等"（李培林 等，2008：278）等方

第 5 章　聚合与参与：社会容量与整合程度的提升

面，社区教育充当了一种"中介结构"，它给予个人生活以一定程度的稳定性，同时它也有着公共生活的一面，把意义和价值传递给个人和组织。社区教育作为"中介结构"，"降低了个人孤立于社会之外存在的无序的不安定状态，以及疏离感对于公共秩序的威胁"（彼得·贝格尔，2015：295）。彼得·贝格尔认为，邻里、家庭、教会和志愿结社是四种主要的"中介结构"。这四者中，他尤其看重教会的力量，这与涂尔干对宗教的态度如出一辙，涂尔干同样认为，宗教能将人们的活动置于一种神圣的意义体系中，"把集体意识内化于个人意识中，使人们感到对社会规范的服从不是强迫性的，而是自觉自愿的，从而加强了集体意识的社会整合功能"。宗教组织在中国社会的组织框架内，似乎很难达到这样的地位，根据笔者的调研结果，仅有 5.2% 的受访者提到自己的社交活动中包含宗教活动，因此邻里、家庭和志愿结社的作用才是我们需要关注的，而这几点在前一章关于社区教育如何促进社会治理的内容中已经论述过了。

从前文对收入、学历、住房类型、房屋价格等变量的探讨，可以看到处于社会最底层的群体未必有空闲和精力进入社区教育，虽然社区教育确实吸纳部分底层群体为其提供知识产品和社会交往，同时也如上一节中提到，也有不少中间阶层的群体会参与进来，但总体来看，社区教育的受众大多是这个社会中中等和中等偏下的阶层群体。社区居民，尤其是已经退休且子女不常在身边的老年人、远离社会主流群体的下岗失业工人、身体残疾的非健全人，热衷参与社区教育，其诉求就在于他们仍然渴望被社会接纳，仍然渴望不要被边缘化为"独居老人"或"低端人口"。社区居民成群结队而来，他们在这里所求的是"朋友圈"，是群体生活带来的安全感，确认他们尚未被社会主流所抛弃。科赛认为，如果社会系统能提供敌对情绪的合理释放途径，通过将敌对情绪由封闭郁结转化为释放，冲突反而能保持社会稳定，而社区教育承担了社会减压阀的作用，群体活动的形式是社区居民的主要诉求。社区居民一起做同一件事情，参与同一个群体开展的活动，能让成员们感到自己是被接纳的，没有被抛弃。社区教育的课程、活动或演出，就其内容来看，显然无法与正规教育、专业演出相提并论，但集体活动给参与者带来心理愉悦，比如他们在反复唱诵经典老歌、革命歌曲的同时，也在集体回忆曾经的美好或艰苦的岁月，在记忆中找寻与分享往昔的成功，并通过周围同伴的肯定，更加坚定了自身存在的价值与意义。

阶层分化带来社会群体之间利益的对立，许多社会矛盾的爆发都可以找到这方面的源头。社区教育一方面整合了大量"单位社会"或"体制"之外的群体，比如前文提到的黑龙江省哈尔滨市的"没有围墙的公益讲堂"，另一方面社区教育提供了一个平台，让基层社会治理在这个平台上发挥作用，而这才是社区教育的最大意义。

上海普陀区宜川路街道在多年前的旧城改造拆迁中，因部分居民抱着"钉子户能够分得更多"的心态，或者对拆迁政策的适用性不了解，所以街道就在社区学校办了一期讲解拆迁政策的课程，请了这方面的法律专家和行政领导，共同解读居民疑惑，在很大程度上降低了旧房拆迁中引发群体冲突的可能。笔者在自己居住的小区，曾听居委会干部说过一个生动的例子："如今城市里养狗的人越来越多，爱狗人士和讨厌或恐惧狗的群体永远都是存在的，这两类人群的利益经常是冲突的，尤其是出现流浪狗数量增加、走路时踩到狗屎、遛狗没有拴绳等现象时，这类矛盾更为凸显。"为了缓解这类矛盾，这位社区干部就在社区学习点组织了一个爱狗人士的交流小组，让他们交流养狗心得，同时也请了专业人士来讲解养狗的注意事项，当然在内容里就把养狗的各类规范和要求融入了进去，最后还组织部分居民代表和这些养狗的家庭一起交流，之后在小区里制定了文明养狗公约，对立的两个群体在养狗问题上达成和解。社区教育有利于促进个体间增进了解、群体间增进团结，充分表达意见是民众自发参与社区事务的基础，也是民主形式的体现，居民的参与能够让他们感到自己的意见是受到重视的，他们对社会还是有着一份责任的，由此建立起来的主人翁意识能够更好地促进社区事务的协商解决。

5.3.2 整合不同年龄层的群体

如前文所述，"一老一小"是目前基层社会治理的主要对象。针对儿童和青少年，社区教育通过开设家长学校来普及家庭教育的正确理念和方法，各地在实践中探索出了许多针对父母、祖父母的课程和项目，包括心理健康咨询服务、教育培训咨询、儿童及青少年救助等。家庭是社区的基本单元，家庭和睦是构建和谐社会的重要基础，社区教育在发端之初，就是以学校校外教育作为其主要形态，家庭教育激发了家庭成员的学习兴趣，提高了居民生活质量和幸福指数。同时，针对儿童和青少年，各地社区学校都有举办暑托班和"三点半"或"四点半"课堂，解决学生无人照看的问题。在这一点上，恰好应了当前教育部"双减"文件要求学校和社会各界减轻学生学业负担和家庭负担的主张。而家庭养育负担的减轻，直接有利于我国提高生育率的政策导向的实施，为中国社会的长久发展提供助力。

案例 5："四点半"课堂和爱心暑托班

合肥包河区常青街道"四点半"课堂围绕中小学生群体，在校园教育之外搭建社区教育的平台，通过开设课程、实地教学、实物教学、手工制作等方式，教育和引导少年儿童树立起主动学习的意识。

上海市徐汇区各街镇通过"爱心暑托班"的形式为家长们"雪中送炭"，有效缓解了"暑托难"问题。2016 年，徐汇区暑托班规模增幅较大，办班点由 2015 年的 17 个增加到 28 个，招生人数由 2015 年的 1000 多人增加到预计 2000 多人。"爱心暑托班"以各社区城市少年宫学校为基地，引入第三方社会公益组织的力量（如徐汇区青少儿成长教育培训中心、上海艺术星期六文化中心等），由街镇社区学校负责具体组织运行。

"一老一小"表现在人口学上是老龄化和少子化问题，在基层社会治理中就衍生为空巢家庭、独居老人、失能失智老人、失独家庭等一系列问题。这两个年龄层的群体，恰好是社区教育的重点对象，其中老年教育已经成为社区教育的重要组成部分，各地在社区教育机构如社区学校、社区活动中心的基础上都开始加挂老年学校的牌子，也在行政层面予以重视，在经费投入上甚至超过了社区教育，这皆是源于老年人口在社会总人口中所占比例越来越大，对老年人晚年生活的关注体现了社会主义国家的责任担当，也是对当前处于工作阶段的劳动力人口的政策安抚。毕竟"人人都会老，家家都有老"，每个人自己或家人都会面对养老问题，在物质基础有保障的前提下，精神生活的丰富程度决定了其生活质量。社区教育赋予老年人退休生活以新的意义，提供其继续实现自我价值的舞台，充实其退出社会主流群体后的空闲时间。访谈中，不少老人觉得参加社区教育对他们的生活影响很大。静安区石门二路街道的王阿姨提到："在老年大学这个大课堂，有合唱课、舞蹈课。我选择的就是舞蹈课，平时和小姐妹一起练舞、排舞、演出，大部分时间都用在舞蹈班里面。我儿子常年在国外，我也会经常把我跳舞的照片和视频发送给他，他看到我的生活这样丰富多彩，很高兴。和我同年退休的同事，看到我这样都很羡慕。我觉得接受老年教育可使自己身心愉悦，更有自信，丰富生活，使自身的修养有所提高，并且通过定期的老年教育活动认识更多新的朋友，有助于老年生活品质的提高。"交友似乎是老年教育绕不开的话题，在笔者的观察和访谈中，有部分老年人还提及关于老年群体相亲、黄昏恋等话题，但这显然不属于本书要探讨的内容。不过毋庸置疑的是，社区教育确实为老年人在缺乏人际交往渠道的晚年提供了一个接触社会的渠道。

第5章 聚合与参与：社会容量与整合程度的提升

联合国将 60～69 岁的老年人界定为低龄老人，并倡议开发低龄老年人口的人力资源，促进其社会参与。根据国家统计局的数据，我国的低龄老人大约是 1.4 亿，占老年人口的 55.8%，在退休年龄尚未延迟的情况下，这些低龄老人中具有知识、经验、技能优势且身体状况尚可的群体，发挥余热和作用的潜力是较大的。部分城市出现的"时间银行"就是一种低龄老人服务高龄老人的互助模式，到他们自己成为高龄老人时，就可以用存在时间银行的服务时间来换取服务。在农村，也出现了诸如河北肥乡的"互助幸福院"，村里的老人入住这里，不用交钱，带床被子就行，没有服务人员，生活值日、打扫庭院、卫生监督等都由老人自己完成，低龄老人照顾高龄老人，身体好的老人照顾身体弱的老人，通过创造一个共同生活的老人社区，以"代际接力"的方式完成互助养老。此类模式的关键不在于技术和资金，而是要培养起社区中人与人的相互熟悉和信任，具有强烈的"自己人"意识，有高度互信和足够的社会资本，互助养老模式才能持久健康运行。

在另外一端，"一小"可能会成为基层政府未来相当头疼的问题。长期计划生育政策和社会经济发展对人们生育理念的改变，导致生育率偏低现象将长期持续。强制性手段可以控制人们不生或少生，但很难逼迫人们选择生或多生。在这方面，社区教育能做的，一是意识形态宣传，这一点会在下一个段落里论述；二是通过提供家庭教育、青少年教育来解决一部分社会化抚养的需求，减轻父母和家庭的负担，比如前文提到的亲子教育、"四点半"课堂等。此外，在社区教育实践中，中外都有将老年人和儿童相结合的案例，比如将养老院和幼儿园建在一起，老年人可以和小孩一起互动游戏。养老院即使硬件条件和护理措施都非常好，但住在里面的老人通常要面对身边人不断离去的现实，经常看到一些失能失智老人生活不能自理，也令其他人联想到自己今后的境遇。北京怀柔区有个乡村小学，教育资源极度贫乏，学校征集了当地磨豆腐、种花种草等各类老手艺人，让他们进学校当老师，为学生带来了本土的学习资源。同时，儿童为老年人带来的勃勃生机可以缓解上述焦虑，而幼儿与老人本身就可以共享一些游戏内容，这为他们的互动提供了基础，比如成都出现了所谓的"共享奶奶"，社区里放学后无人照看的孩子和晚年寂寞无聊的老年人，形成了有效对接。

整合是社会运行中不可避免的议题，城市化、人口流动、教育普及、社会分工，这些因素肯定是社会整合的关键推手，其中教育的作用显然是不可或缺的，当然前提是好的教育制度设计，不好的教育制度反而可能会带来阶层的进一步固化，例如考试制度公平与否对不同阶层的家庭孩子的影响。社区教育的参与对象虽然在阶层地位上也存在差异，但社区教育本身并不会强化这种差异，且通过聚合、熟悉和参与的过程，促进多元主体积极、主动、平等地进入社区教育的场域，减少了不同群体间由于信息不对称造成的误解，在熟悉的基础上为建立互相信任的社会关系提供了土壤。互信是建立在社会有效整合的基础之上的，下一章将继续讨论这个话题。

第 6 章　互信与互惠：道德密度与利他行为的增强

鲍曼认为，道德来自"他人的接近"，进一步来说，来自熟人之间的互信和互惠，道德渗透进了生活协作的各类关系中。社区教育作为一种非正式制度，无法像法律、行政等正式制度那样依靠强力在陌生人群中维持制度性的公平正义，它只有依赖道德和信任这类软约束条件，在正式制度难以发挥作用的空间里，规范大部分人的行为方式。以社区教育的公共领域为平台，构筑起社区群体规范体系和互信互惠的人际网络，通过增强道德密度和利他行为，重构社区共同体，对于基层社会治理有着明显的促进作用。

6.1　以社区教育为平台，建立社区内部的群体规范

基层社区的自组织过程带来了自治理机制中必需的最重要的信任机制、声誉机制和互惠机制，从而有了相互监督的机制，保障了以后自订规章、自我执行的顺利进行。社会网络内的社会资本的增加，包括其封闭结构、

密度和关系强度，团体动员和内容互动的过程，以及共同形成和遵守乡规民约的过程，都是塑造信任、声誉、互惠和监督机制的关键。

6.1.1 区域协商议事的非正式制度

在社区教育的大平台上实现社区事务协商功能，对不合伦常、不合道德规范、违背大多数人利益的行为形成一种舆论压力，从而抑制了某些人不合情、不合理的行为。如辽宁大连市沙河口区"一刻钟学习圈"，形成议事空间，市民在学习圈聚集活动，谈天说地、交流谈话，一批市民议事点由此应运而生，市民们的主人翁意识得到充分发挥，一批富有特色的《小区公约》《楼组公约》相继制定。

案例6：上海闵行区马桥镇的"村民周周会"

2009年，闵行区马桥镇着力搭建"村民周周会"这一新的社区教育平台，针对马桥经济社会快速发展下的大量征地农民需要市民化，大量动迁居民需要本土化，大量新马桥人需要归属化。这一平台的建立，旨在更好地处理马桥城市化进程中各类基层社区矛盾，创新民主协商的实践方式，强化基层权力运行的监督力度。"村民周周会"主要包括以下功能：

第一，讲百姓要听的话。马桥镇社区学校在宣讲内容上精心编制，围绕党委政府中心工作，根据百姓需求，结合当前时政，为各学习点培训宣讲员，汇编宣讲材料，坚持每月下发一次。

第二，办百姓想办的事。"村民周周会"设立在老百姓家门口，缩短了与老百姓之间的距离，极大地方便了群众参与活动。全镇16个村居委开设22个学习点，参与群众逾三千。如金星村把学习点设在村民小组，整个村群众参与率达90%以上。针对郊区老年人大多不识字、听不懂普通话的特点，金星村给每个学习点物色了一名辅导员，让辅导员在课前给老年人"复习功课"，在课上当翻译、做辅导。

第6章 互信与互惠：道德密度与利他行为的增强

第三，解百姓需解的忧。马桥镇"村民周周会"既是百姓学习知识的平台，又是沟通干群关系、解决问题的平台。群众利用这个平台及时向居委会干部反映生活中的问题，居委会干部也利用这个平台走进群众中，解决一个又一个实际问题。夏朵园居委会委员陆阿姨是专管民事调解工作的，小区每周"村民周周会"上陆阿姨必定在场，她认真听取群众反映的情况及要求，把群众的要求、建议、急需解决的问题——记在本子上，放在心上，并积极解决这些问题。

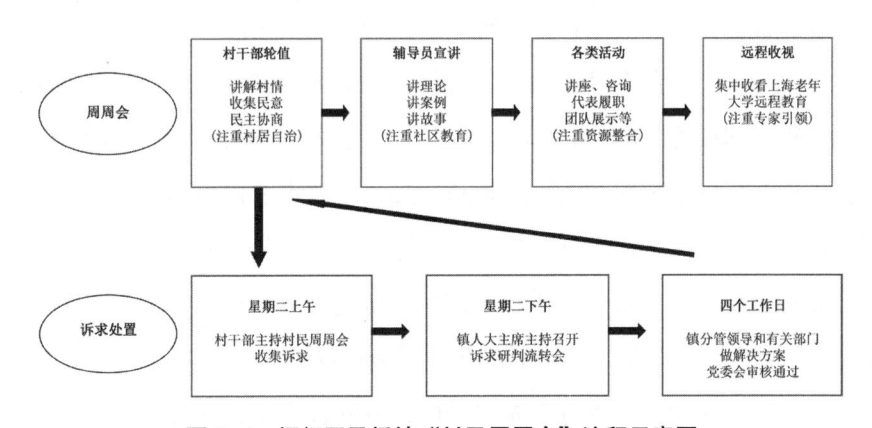

图 6-1　闵行区马桥镇"村民周周会"流程示意图

失地农民历来是城市发展过程中治理的难题，很容易出现两个极端现象：一是农民在土地被征用之后利益受损，投告无门，形成群体性上访；二是农民在获得丰厚的补偿款后，沉迷赌博或吸毒，形成次生的社会问题。同时，随着城市化而来的大量动迁居民和外来务工人员与本地居民之间又形成了利益诉求迥异的群体。笔者曾在访谈中，听当地居委会干部提到，"参加社区教育的动迁居民、本地农民和外来人口之间常常并不相融，互相排斥"，部分动迁居民自视甚高，觉得自己是"上海人"，其他的都是"乡下人"，而本地农民往往坐拥好几套房，也不屑于搭理这些所谓的"上海人"，外来人口由于文化和语言的差异，更是难以融入。所以"村民

社区教育与基层社会治理

周周会"虽仍冠以"村民"二字,但当地已基本完全城市化,出现的问题也是城市化进程中有关当地村民和市民的现实难题,利用社区教育的平台,让不同利益群体通过学习、活动、团队等形式互相熟悉,进而在这个平台上心平气和地达成和解。

"村民周周会"已经成为社区工作的重要平台和新型民主学校,农民群众从中受到了民主的锻炼和熏陶,"村民周周会"的参与者也是"村民周周会"的义务广播员。每周一次,几十位甚至上百位村民在固定的时间和地点听课、交流,参与社区管理,已成为广大村民的一件乐事、一种习惯。村民与政府间的互动式治理,对许多政府无法彻底解决的社会问题,起到了很好的缓解作用。群众的知情权、参与权、表达权得到充分的保障,自然形成村民话语权释放的主要通道,加强了政府公信力和社会融合,让干部、村民、专家都成为社区教育治理的主体,充分发挥了他们的主观能动性和积极性,也让基层矛盾在萌芽状态得到释放和解决,为广大农民参与基层社会公共事务的决策和管理提供了新的渠道。

上述案例中的社区教育不是典型的课堂教育形态,甚至不太符合教育学里的"教育"概念——要有教学方法、专业师资、教材课本、师生关系等一整套要素,教学专家如果拿着这些要素去评估社区教育,评估上文中的"村民周周会"时,将无从下手。社区教育除了上一章中提到的各类课程、讲座和活动之外,也有一些如"周周会"这种非典型的教育形态,我们可以理解为基层社会治理在借助社区教育的平台,协调居民矛盾,进行议事协商和政策传播。替换为其他的名称或概念当然也可以,比如部分地区探索过"社区法庭",但"法庭"的称法让老百姓感觉比较严肃和庄重。学校和教育不是类似法庭和法律的正式制度,而是软性约束的非正式制度,在基层社区的工作推进中,相对而言比较容易进入居民的生活。社区工作讲求"润物无声",化问题于无形之中,法律固然能够理清责任和权利,

第6章 互信与互惠：道德密度与利他行为的增强

但许多基层的矛盾未必是边界清晰的制度能够解决的。非正式制度的优势在于，首先它不是刚性的，实施和推进时相对阻力较小，接受度更高，其次它是可以根据具体情况进行调节的，并且这种调节因时而异、因地而异、因人而异，因此在处理基层矛盾时，社区教育这个平台比街镇基层政府或行政管理机构要显得柔性一些，同时以教育和学习之名，也可以让基层百姓更容易接受。

6.1.2 居民的自主运作与自我组织

社区教育将人们日常生活的事实和材料具体化，对道德规范的不断重申和强调，使人们能清晰感受到周围人群在提倡和反对什么。调查发现，超过六成的受访者从社区宣传中得知社区教育信息，接近半数受访者表示社区信息栏、黑板报和居委会是其平常获取社区管理方面信息的重要途径，同时手机、平板电脑（PAD）也成为新媒体时代的重要信息渠道。约有七成受访者表示文体活动是其最喜欢参加的活动类型，参与社区服务的人也占了44%，对基层社会治理抱有较大的热情。

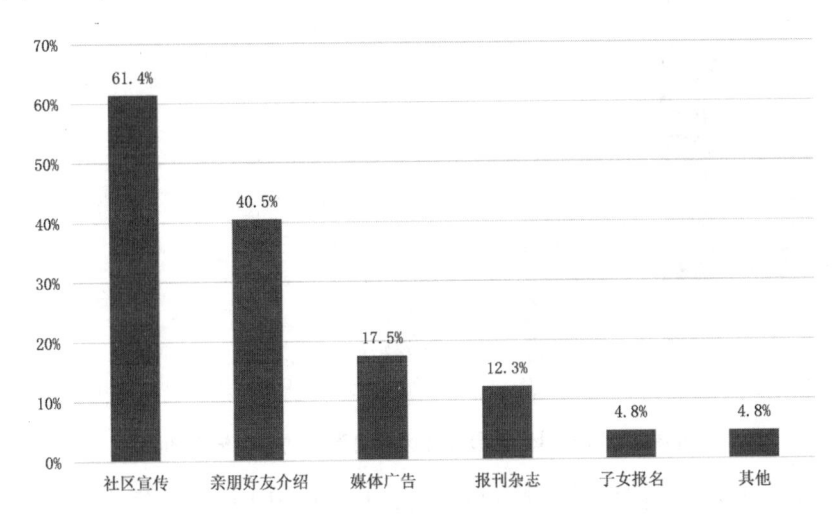

途径	比例
社区宣传	61.4%
亲朋好友介绍	40.5%
媒体广告	17.5%
报刊杂志	12.3%
子女报名	4.8%
其他	4.8%

图 6-2　了解社区教育信息途径的分布图

社区教育与基层社会治理

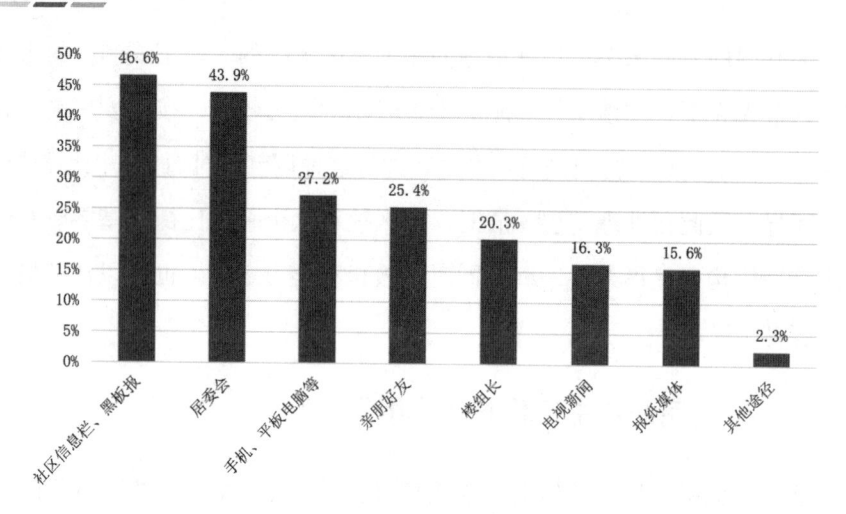

图6-3 获取社区信息的途径分布图

社区信息栏、黑板报 46.6%
居委会 43.9%
手机、平板电脑等 27.2%
亲朋好友 25.4%
楼组长 20.3%
电视新闻 16.3%
报纸媒体 15.6%
其他途径 2.3%

调查中超过八成的受访者家人是支持或非常支持其参加社区教育的，但部分居民的家人就未必支持了。部分老年受访者说道："家里条件不允许，要帮着带孩子、买菜，时间和经济上都不行。"对于老年人参与社区教育的行为，子女支持与否是非常关键的因素，尤其是在需要照顾第三代的情况下，退休生活常常以在家里带孩子做饭为主。

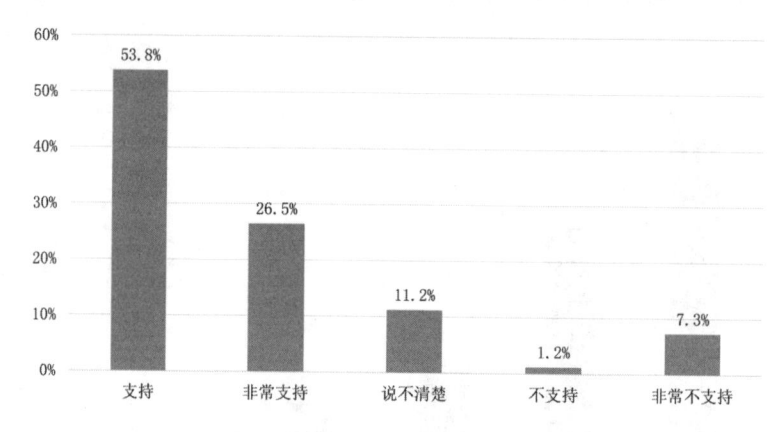

图6-4 家属对老人参加社区教育课程的态度分布图

支持 53.8%
非常支持 26.5%
说不清楚 11.2%
不支持 1.2%
非常不支持 7.3%

在访谈中，我们得到了类似的回答，长宁区王大爷说，他获取社区管理信息多数通过小区居委会："平时在社区生活中,大部分都是楼组长上门告诉我们社区的情况,今年5月份我们周桥街道正在进行'创建全国文明城区'工作,我也会积极配合楼组长的工作,做社区志愿者,为'创建全国文明城区'也贡献一份我的力量。小区里还有些消息是通过小区居委会成员和大楼楼组长家家到访口口相传,居民也会通过小区信息栏中张贴的告示得知此类事件。"

杨浦区五角场街道的张大爷认为,社区教育对社区管理起到积极的推动作用,他说:"跟着学校上课,白天很多时间都在学校里面,不像我之前没参加学习的时候,一直搓麻将、打牌,经常被老伴埋怨。现在我和老伴一起来学校上课,不光学习了书法,还在和街坊邻居一起上课时改善了邻里关系。这是我们老年人展现自己的交流平台,对社会和谐有积极的推动作用。老年教育不仅对老年人自身的安康有利,同时对整个社区的治理都能起到非常重要的作用,是居民与社区间的桥梁。"

访谈对象王阿姨平时不太会参与社区的事情,感觉社区学校就是很多老年人没事情做去散散心的,但在社区学校报了个英语兴趣班后,她改变了看法:"希望学点英语可以有点帮助,我和小姐妹出去旅游,起码在机场的时候不会像哑巴一样。"学好之后她还参加了英语学习小组,在团队里把学到的英语教给别人,她希望社区教育可以改善老年人的精神风貌,让更多居民参与社区的事务。

社区居民自我组织、自我管理、自主学习,培育不同类型的学习团队,社区教育领域存在大量活动团队,社区团队里的发起者相当一部分已经或正在成长为这一个个自发组织起来的团队的领袖人物。以上海为例,共培育和发展了2万多支市民学习团队,呈现"零散的学习小组—政府组织学习—团队自主自治—学习型组织"螺旋式发展形态,如上海市闵行区以社区学校和学习型团队为桥梁,变社区居民从"要我参加"到"我要参加",

社区教育与基层社会治理

促进和增强了社区居民主动参与社会治理的意识和自治能力。社区居民在团队中互相关心、互相帮助的交互行为，显示出高度的责任感，自觉维护团队的集体荣誉，自觉地以整体利益约束自己的行为。社区团队的领袖，在传播和教授知识、技能、观念的同时，也发挥他们在成员或学员中建立起来的威望和信任，通过协商议事、建立团队规则的方式，来解决一些社区中的棘手难题，构建起市民社会交往的公共空间，为提升居民自治意识和能力起着积极的作用。

教育的最终目的是自我教育，或者说是学会自我学习的方法。社区教育虽然对教育方法和形式没有严格规定，但有教有学的互动模式也会过渡到自组织的形态。上文提到的学习团队是社区教育在近年来出现的新型学习模式，团队组建往往是因为在某个课程学制完成之后，学员仍不愿意离开这个学习共同体。部分学员会选择重新再学一遍这个课，我们称之为"老面孔"现象，但这显然会造成该门课程的学位一直被原来的学员占据，新的学员就很难报名。既然社区教育是公益普惠性质的公共服务，理应以有限的资源服务更多社区居民，于是就让已经完成课程学习的居民自行组建团队，开展学习活动，学校仅提供必要的场地和材料。更有部分学习团队的成员，从学习者的身份转化为教授者，服务于其他群体。学习团队的自主运作，带动和增强了基层社区居民的自组织意识和能力，基层社区的诸多问题可以由居民自行解决。上海在 2022 年疫情期间，在许多居村委基层组织自身能力有限的情况下，部分社区居民自发组织的团购、互助、志愿者等行为，及时填补了基层组织力量的不足，避免了社会危机出现之时容易发生的混乱。

基层社区的自组织过程带来了自治理机制中必需的最重要的信任机制、声誉机制和互惠机制，从而有了相互监督的机制，保障了以后自订规章、自我执行的顺利进行（李强，2017：191）。社会网络内的社会资本的增加，团体动员和内容互动的过程,以及共同形成和遵守乡规民约的过程,都是塑造信任、声誉、互惠和监督机制的关键。

6.2 强化居民身份认同,建立社区互信网络

齐美尔说:"信任是社会中最重要的综合力量之一。"信任是"一种态度,相信某人的行为或周围的秩序符合自己的愿望"(郑也夫,2015:25)。信用是社会资本的一种表现,社会关系可以被确定为"个人的社会信用(social credentials)的证明,部分社会信用反映了个人通过社会网络与社会关系——他或她的社会资本,获取资源的能力"(林南,2005:19)。信任是"市民文化的重要维度",变成了市民社会的一个重要方面,成为"社会资本的至关重要的组成元素"(彼得·什托姆普卡,2005:18)。

6.2.1 强化成员间的身份认同

社区教育强化了社区成员间的身份认同,人们能够确信和认识到自身的价值和意义,共享相似的利益和资源,且在群体生活中为个人提供情感支持和资源认证。布迪厄区分了经济资本、文化资本和社会资本,其中社会资本是实际的或潜在资源的集合,"这些资源是与对一个相互熟识和认可的具有制度化关系的持久网络的拥有——换言之,一个群体的成员身份联系在一起"(林南,2005:21)。马尔科姆·格拉德威尔在《异类》一书里,提到在20世纪50年代,有一个医生在美国宾夕法尼亚州发现了一个神奇的小镇叫"罗塞托",小镇居民都是几十年前从意大利一个叫罗塞托的小城来的移民,小镇居民没有人在65岁之前患上心脏病,当地人吃得油腻,爱抽烟,也不怎么爱运动,有不少的大胖子。这在美国其他城

镇都非常罕见。经过这个医生的检验，也没有查出当地居民有什么特殊基因。同时他发现，罗塞托不仅没有心脏病，自杀、酗酒和吸毒以及犯罪率都很低。经过观察，他认为原因就是罗塞托的社会组织方式，在五十年前，有一个精力充沛的神父接管了小镇教堂，他组织当地的节日活动，小镇以教堂为中心，建起了学校、公园、女修道院和墓地。这里的人也就有了共同的生活中心，个人遇到什么问题，就会去找神父忏悔，寻找安抚和帮助。这个小镇不到两千人，却有着22个独立的社会团体，但是大家的公共生活是同步的。社区教育同样构筑起这样一个社区中心，社区成员在这里可以通过群体活动强化其身份认同。

在访谈中，我们接触到了几个失独家庭，其中大部分是女性，在失去孩子后又经历了离异，丈夫可能再婚并又有了家庭、孩子，而女性在四十多岁之后多半只能选择独处，不少人在很长一段时间里封闭自我，不愿与外界沟通交流。据社区干部介绍，失独家庭中有许多人转向宗教寻求慰藉，或者是在星星港网站这个专为失独家庭开设的平台上互相抱团取暖。一位失去儿子的汤师傅的案例令人动容："我年轻时在上海某工厂从事技术工作，性情活泼开朗，是单位的文娱骨干，爱唱歌，游泳很不错，有横渡黄浦江的经历。30岁左右被确诊为肌无力患者，但没明显症状也未影响工作，因此还是组建了幸福的家庭。1982年儿子出生，随着孩子长大，我们精心培养儿子，从生活起居到督促孩子学习，事无巨细。我无怨无悔把所有的精力倾注在儿子身上，早早地为孩子拜名师学艺，孩子不辜负期望，健康成长，品学兼优，尤其在绘画上非常有实力，高考那年，大家都认为孩子考上美术学院是毋庸置疑的事情。然而意外发生了，2000年的冬季，就在孩子18岁高考前一个学期，孩子从学校回来，到卫生间洗澡，大约一个小时过去了，还未见孩子出来，我破门而入时，看见儿子歪着头安静地坐在小板凳上，已经煤气中毒窒息身亡，从此这个画面定格在我脑海里，自

第 6 章 互信与互惠：道德密度与利他行为的增强

责内疚时刻折磨着我。孩子意外去世，我和妻子商量想以不同的死法来结束生命，因为每到其他孩子日常放学回家的时刻，我们就不由自主撕心裂肺地哭，让住楼上的亲戚心神不宁，最后只能靠安眠药维持休息。后来我加入了失独父母成立的星星港社团，也参与了社区的绘画课程，并以自身经历为个案尝试着向政府有关部门提出计划生育政策的合理化建议，越来越受到媒体、计生委以及上海市民政局相关领导的重视，其也部分采纳了我的建议。"

缺少子女亲情的精神慰藉、缺乏有效的社会交往是引发独居老人心理健康问题的主要原因，许多离退休后的独居老人深居简出，不与社会接触，产生孤独寂寞之感。不少访谈者说："儿女早出晚归，忙于工作，不能在自己身边，我们总是感到孤独、寂寞，虽然衣食无忧，但精神上很空虚。"67岁的程阿姨是个失独老人，她介绍说："我22岁生了女儿，后来与丈夫感情破裂就离婚了，再后来女儿又患了尿毒症，二十多岁就离世了，经人介绍再婚，但与老伴生活了二十六年后，老伴也走了。我一直没办法从失去女儿和老伴的阴影中走出来，精神上处于相当孤独的状态，基本切断了与外界沟通的渠道，后来参加了社区学校的班级，我在精神上也算填补了一些空白，让我不是一天到晚想着那些了。"大多数中国父母将自身的价值和意义寄托在孩子身上，倾注了许多心血在培养孩子成才上，一旦孩子不幸离世，其生命价值体系就顷刻间崩塌，找不到活下去的意义和勇气。换言之，失独家庭的父母在失去孩子的很长一段时间内，无法从其原来作为父母的身份认同中抽离开来。普通家庭的父母在现实生活中，在孩子面前是父母，在社区里是居民，在单位是职员，不同的场合扮演不同角色，体现不同的身份认同，在不同的个体身上，其权重会有差异，中国式父母的角色权重一般而言会更重一些。失独老人关于自己作为父母的身份认同被抽离，都会说到一句话"感觉天塌下来了"，想到的第一件事是"我活着还有什么意义"。

作为父母的身份认同消失了，就需要其他的内容来填补。部分失独老人参加了社区教育活动，比如有一位中年失去女儿的苏阿姨参加了社区学校的舞蹈班，后续又参加了合唱、瑜伽等课程，她说："我也没有其他事情好忙，其他人还要带孙子或者帮孩子做家务，我就只好在这里找找学习的乐趣和朋友的圈子，也对自己的生活有了新的定位。"在社区学校里，她很少提及自己孩子的情况，即使有学员问起，她的回答是"出国去了，很少回来"，以此来回避和搪塞。能够对其他人正面回应孩子这个问题的失独家庭几乎没有，我们的访谈都是在失独老人的家中进行，一般只有两到三个人，且经过居委会干部的确认和带领，但许多被访者仍然极其抵触谈及这个问题，或者多次因为哽咽而无法继续。还有大量失独家庭是社区干部都很难接触的，他们更为封闭且不愿意接触社会，笔者就更无从了解其情况了。就我们能采访到的四个失独家庭来看，参与社区教育对于他们抚平丧子之痛有一定的补偿效应，至少能让他们对生活重新有了希望，对自己的身份认同有了新的认识。在学习一门新的技能、与同学老师互动、参与班级群体的活动中，他们重新确认了自己仍然具有行为能力、交往能力以及对他人的意义。每个人在成年后的各个时间段，都会自问"我是谁"，在儿子面前，"我"是爸爸，在学生面前，"我"是老师。与外界建立起新的联系，是失独人群重新获得身份认同的开始，社区教育提供了一种可能的途径，他们可以和同学老师建立相对熟悉但又不至于受到冒犯的互动关系，如前文提到的苏阿姨，她在合唱和舞蹈班的学习一是填补了其空闲的退休时光，二是无法参与小区里老人谈论子女和第三代话题的她，更愿意在同样爱好唱歌和跳舞的群体中找到更多的认同和赞许。

但很难判定的是，参与社区教育和重新获得身份认同之间是否必然存在相关关系，抛去样本量太少的因素，愿意参加社区教育的人可能本身就

第 6 章　互信与互惠：道德密度与利他行为的增强

是有较强社交意愿的个体，因此上述分析只是从侧面印证了社区教育的部分功效，如果要获得更为确凿的证据，需要进一步的定量研究来进行论证。

6.2.2　扩大社区成员互相信任的网络规模

在中国传统熟人社会的差序格局中，感情和人伦是构建人际关系的基础，现代陌生人社会用理性和契约替代了前者，人际关系中的紧张和疏离造成了难以信任他人的困扰。社区教育延伸和拓展了市民学习的空间和场域，为社区成员提供了集体共有的社会资本，那些与他人有广泛联系的人都拥有这些资本，而这又取决于"个人联系的规模和这些联系中所含有的资本的容量或数量"（林南，2005：22）。人与人之间的信任往往是社会治理中的难题，中国人的信任有着明显的"差序格局"，对熟悉的人能够产生更多的信任感，而社会资本的积累与信任感的增强常常是相辅相成的。信任含有非理性和不可计算的内涵，其具有不对称性、不确定性和主观性的特点（郑也夫，2015：14），表现为行动和兑现诺言之间存在滞后和风险，而这本身依赖于人们有限理性基础上的道德感，也依赖于人们长期的互动。例如上海市普陀区曹杨新村街道建立了"百灵鸟"社区群众组织，以社区居民的学习团队为基础，在长期的工作中利用他们的亲和力、说服力和影响力，加强社区与居民之间、居民与居民之间的联系，使他们理解、配合、支持政府工作。300 余名成员活跃在社区治安巡逻、扶贫帮困、环境保护、释疑解惑、法制宣传等公益活动中，得到了绝大多数居民的信任，也让社区居民之间的信任网络规模得以扩展。在访谈中，该社区的居委会干部说道："社区教育是社区工作的重要载体，我们接触的人群很复杂，社区教育活动的开展，缩短了居民之间的距离，也和谐了社区的气氛。对于居民的读书学习听课，我很有感触，学习型社区建设对社区治理很有帮助。"我们对于他人的信任，一方面基于我们对特定的人的熟知，另一方面也是基于生活经验的综合想象和理解，为精神交流和自我发展提供施展领域。而当个体学会相互信任，做出可信的承诺，依靠普惠性规范来发展人际关系，他们就能获得比没有这些社会资本时更多的东西。

互相信任建立在熟识和一致性的基础上。在人们遵照社区规则的基础上，信任是可以基于一套规范发展和建构出来的。"这些规范或规则界定了活动是怎样随着时间推移而重复进行的、承诺是如何监督的"（埃莉诺·奥斯特罗姆，2003：19）。共享规范是社会资本的一种类型，是基于互动而实现的知识、理解、规范和期望的共享活动。

案例7：上海奉贤的"四间堂"

上海市奉贤区地处城市边缘，当地随着城市化步伐的加快，越来越多的年轻人奔赴城市中心寻求发展机遇，居住在农村地区的本地村民中，超过85%为60岁以上的老年人。当地社区构建起睦邻"四堂间"，即"吃饭的饭堂、聊天的客堂、学习的学堂、议事的厅堂"，社区教育拓展社区学院、街镇社区学校、村民学校、宅基课堂为支撑的网络，使教育资源与当地居民的聊天、学习、议事融为一体。比如随着乡村生态旅游业的兴起，有村民反映：很多项目的开发破坏了乡村原生态的美。还有村民谈道："部分农户家门口脏乱差的环境与乡村整体格格不入，很大程度上影响着乡村的整体美观"。据此，迎龙村将"和美宅基"长效管理工作与"守护家园"行动有机结合，多次召开宅基代表会及村民代表、组长、老干部意见征求会等，最终形成了"美丽乡村 美丽约定"的村规民约，聚焦当地治理难题，明确了奖励和惩罚内容，更具指导性和可操作性，将村民普遍存在的不良生活习惯纳入管理范畴，并设置公示牌，凸显巡查结果和考核评价，进而发挥草根"宪法"作用，规范村民行为，破解过去村庄治理难题，凝聚村民共建共治共享意识。

在上面这个案例中，"四堂间"里，不少村民聚集于此，聊聊家常事，议出了不少"大事",也解决了许多"难事",挖掘汇集了一批"乡贤"作为志愿者队伍,基于他们对村庄的情感认同、对乡情的熟悉以及在村民中的个人威望,由他们与村民共同商讨乡村公共事务、开展乡村治理行动等,村民在参与共治中,维护其作为村庄发展主体的权利,在协同善治中,习得处理乡村公共事务、解决邻里纠纷等方法。

"四间堂"与"村民周周会"有一定的共通之处,都是处理城郊农村在城市化进程中面临的问题,也都因地制宜地以社区教育为载体,试图对当地的基层社区施加影响,进而提升治理成效。但它们解决的问题不同,一个是农村老龄化和空心化,一个是外来人口和本地农民、拆迁户之间的群体矛盾。不过我们发现,这两者解决问题的手段是相似的,社区教育作为一种软性的非正式制度,将各方主体聚拢到一个场域内,无论是协商议事,还是闲话家常,只有在高频次的互动中,才能构建起互相信任的牢固关系。信任本身在当今社会就弥足珍贵,博弈论的许多实验和论点都在证明,高频的合作行为会促进信任的产生,而一次背叛就极易导致信任崩塌。

6.3 建立互惠利他关系,构建社区共同体

城市化进程中,随着人口流动的加快,孤老、退休老人、外来人口数量不断增加,成员虽处于共同的社区,但是相互之间的交流与联系甚少,居民缺乏社区认同感,个人原子化带来的孤独感越发强烈。刚退休的老年人需要很长的时间适应退休的生活,社区教育对于退休老人的意义还在于提供继续社会化的机会,帮助他们平稳度过适应期,帮助他们重新定义退休后的社会角色。当居民越来越多地参与到社区活动中,将大幅提升社区成员间的互相认同,使得社区真正成为彼此共同的心灵归宿。

6.3.1 增强社区共同体意识

今天家庭规模普遍小型化，独居家庭、空巢老人屡见不鲜，但归属感的需求在现代化进程的背景下越发明显。伴随着社会发展的多元化趋势，"呈现出城市各类机构组织的多样化，社区群体的多样化，个人需求、组织需求、社会需求的多样化，服务方式的多样化、个性化，生活方式、居住方式的多样化，城市各项事务、各种组织、各种活动、各种服务等都经历着分散化、多样化、个性化的过程"（许义平、李慧凤，2009：5）。社区教育在互动交流的学习过程中，丰富了个人学习的社会交往体验，拓展和强化了社区居民的共同体意识，并由此敦促其努力完善自我，激发解决问题的潜力，领悟到自身对于共同体的价值。

问卷调查的受访者中一半左右正在参加社区教育，15.9%的人曾经参加过。问卷有意发送给部分没有参加过社区教育的人群，大约占总样本三分之一。在社交活动方面，参与各类社区文化活动的人群也超过一半，旅游探亲、看电视、读书看报等也是被高频选中的选项。但不可忽略的是，8.9%的受访者基本没有社交活动，这部分群体主要是独居老人、空巢家庭、失独家庭等。

约有三分之二的受访者表示，参加社区活动或事务的主要原因是"参与群体活动"，这与之前的避免孤独和寻求公共活动空间的需求是一致的，也反映了社区教育之于基层社会治理的意义。同时约有半数受访者表示"社会责任感驱使而自愿参加"，可见基层民主参与的热情。此外，约有55%受访者表示参加社区教育后增强了自己的社区意识，47%的人表示对生活的社区有了新的认识，这些都对参与社区事务有较大的帮助。杨浦区长白新村街道常大爷经常前往社区学校上养生类的课程，他说："社区学校的课程会不定期更新，老师都很认真负责。上课时间之外，我们也会在微信群里相互督促。平时主要通过居委会了解社区的情况，参加社区教育让我

第 6 章 互信与互惠：道德密度与利他行为的增强

们对社区更有参与的积极性，愿意为改善社区贡献更多力量。"因此，参与社区教育成为许多老年人扩大个人社交圈子的一个良好的途径，老年群体中的"同学"间相互慰藉、相互扶持的愉悦，也是老年人参与社区教育的动力。

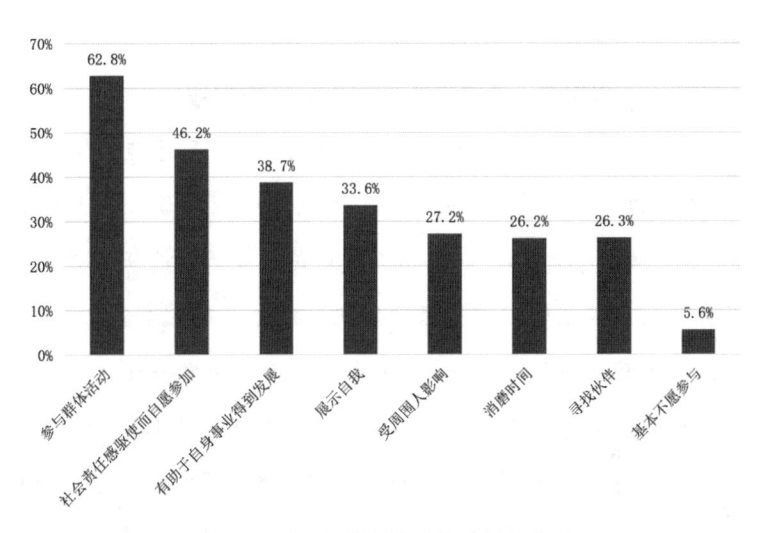

图 6-5 参与社区活动的动机分布图

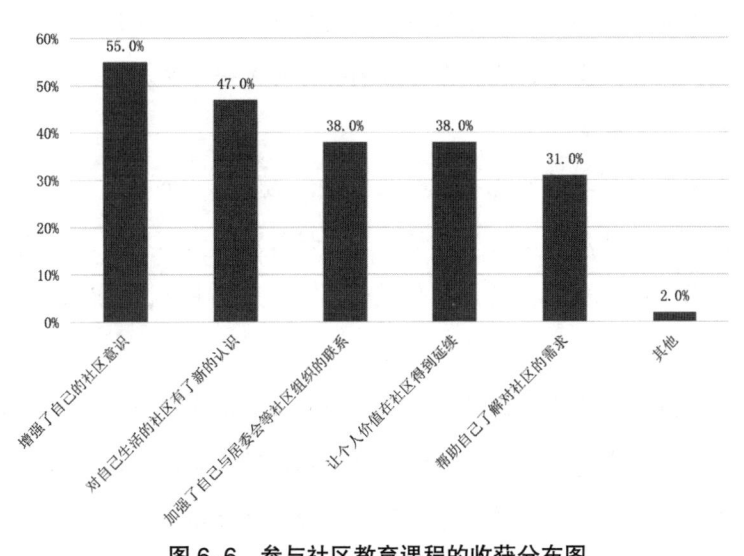

动机	百分比
参与群体活动	62.8%
社会责任感驱使而自愿参加	46.2%
有助于自身事业得到发展	38.7%
展示自我	33.6%
受周围人影响	27.2%
消磨时间	26.2%
寻找伙伴	26.3%
基本不愿参与	5.6%

图 6-6 参与社区教育课程的收获分布图

收获	百分比
增强了自己的社区意识	55.0%
对自己生活的社区有了新的认识	47.0%
加强了自己与居委会等社区组织的联系	38.0%
让个人价值在社区得到延续	38.0%
帮助自己了解对社区的需要	31.0%
其他	2.0%

社区教育与基层社会治理

在社区居民中，被理财产品或保健品欺骗的人数往往不少，他们被骗的原因一方面是科学知识匮乏，更为重要的是他们拥有充足的时间，但又缺少陪伴。很多保险销售员、基金销售员会像孝顺的儿女一样，到家里替老人收拾屋子、买东西，但最后会让老人几万几万地把钱掏出来。下面来看一个案例。

案例8：老年人为什么心甘情愿被骗？

在某动迁老旧社区里，街坊邻居互相认识，平时经常互相走动。几个活动积极的老人建了一个养生保健微信群，群员人数基本维持在498～500人之间，这个群之所以这么受欢迎，是因为每天都有大量红包发送，而且会每天组织学习健康保健知识。孙大妈是在4个月前进群的。群活动组织得很有秩序，每天早上8点和晚上8点会发一段20分钟左右的视频。这个视频是从各地电视台录制的养生保健节目里截取的片段。在视频发到群里1小时内转发朋友圈，并附上"分享这段视频就能领红包"这句话的人，就可以找群主要红包。此外，群里每隔3天就会有一次考试，考试内容是最近6期群内分享的视频里的知识点，都是单选题。群成员自愿参加考试，答案发给群主，全部正确会另外给一个更大的红包。这个群始终如此，非常规律。

孙大妈在入群之前的几个月刚刚出院，她做了一个心脏支架手术，所以自打出院后就特别留意健康知识。孙大妈虽然是新入群的，但是学习劲头很足，每天的视频都是边看边做笔记，4个月过去后，笔记已经做了好几本。

这个微信群不止有线上的活动，每个月还有两次线下免费课，请穿着白大褂的专家给老人们讲针灸知识，孙大妈每次去都认真做笔记，而且每次还要把几本写满了要点的笔记也带去，为的就是给老邻居们看看，"我为什么每次答题正确率高，我认真学习啊"。

第6章 互信与互惠：道德密度与利他行为的增强

孙大妈的老伴已经去世好几年了，儿子一周才回家一次。原本她是靠参加社区活动热闹热闹、排遣孤独，但现在身体不如从前，天气又热，出院后很长一段时间感觉无聊，没人说话。自从有了这个微信群，生活一下子充实了，连作息都规律多了，甚至找到了50多年前当宣传委员的感觉。

但是，几个月后，红包金额越来越小，分享朋友圈从2毛降到了6分钱，再到后来，甚至怎么分享朋友圈都领不到红包了，答题也是，虽然每次还有红包，但也只有几分钱了。真实的原因是，每次线下课都给她们推荐几款药，比如什么元气散、固灵膏之类的，群里的大部分人都买过，但孙大妈入群3个月，只买过一份17块钱的固灵膏。孙大妈在这个群也感觉越来越别扭，参加活动也有点顾忌了，于是就打算花660块钱买一套保健品。周末儿子回家的时候说起这个事，结果儿子不同意，说这个是骗术，网上只要一百块的东西卖六百多。母子俩因为这个事吵了起来。孙大妈觉得自己已经够小心了，群里花了六七千块钱的人多得是，她为了健康，花660元儿子就不干了，这也太不孝顺了。

在这个案例里，老年人在这里看似获得了很多健康常识，每天有人陪着一起做题、讨论，还有线下的活动，骗人的部分只是把一百多块钱的东西用高于市场价5倍的价格卖给老人。但个人在网上买是没有附加服务的，而组群、活动、讨论这些都是有附加值的。他们的孩子多是独生子女，能每周都回家陪陪父母的，占比已经很少了，他们并不是不想陪在父母身边，而是要在维持自家生计和陪伴父母上做两难抉择。让子女常回家看看的提案，是"何不食肉糜"的妄人之语，三孩政策或全面放开生育之后的二十年或许会有少部分家庭能有这样的福分。我们可以在社区教育里"复制"一个类似的"群"，讲授的内容是基于科学的医学保健知识，并且不售卖任何保健品，不过运营这样的"群"是有开销的，不是靠个人或家庭可以解决的。在浦东南码头街道的座谈会中，社区居民表示："社区的安定离不开和谐的社区氛围，而社区教育恰恰就成了和谐氛围的催化剂。"社区教育与传统的青少年教育不一样，学习的功利性较弱，学习者更注重过程，而学习过程中，离不开学习者之间的互帮互助。在社区教育中，学员之间既是同学，也是老友，一群人共同分享学习的乐趣，回忆美好的青春年华，结交良师益友，这便是大多数学习者参与社区学习的初衷。

社区教育构建的不仅仅是学习的共同体，更是社区的共同体。以上面老年人心甘情愿被骗这个案例来看，热衷养生保健群和掏钱购买产品的中老年人，他们学习养生知识不过是一个幌子，真正的诉求是陪伴、交流和与人沟通。子女无法给到的附加服务，保健品推销员通过微信群和线下活动给到了，老人即使心知肚明，也心甘情愿地掏钱。这从反面例证了社区教育受众对互动和群体的渴求很可能是超过对知识和学习本身的。学习不再是首要的目标，和谁一起学、学习中交流和互动的群体才是更为重要的内容。结果的重要性让位于过程，过程的体验决定了参与者的评价，换言之，过程中产生的副产品成了关键要素，这些要素恰恰是基层社会治理中互信和互惠的基础。

6.3.2 社会组织和志愿者的参与

"治理的兴起意味着传统的官僚制开始逐步向民主的多中心治理迈进，国家与市场、社会之间的关系将会被重新审视"（许义平、李慧凤，2009：15），社区教育需要多元主体的参与，社区教育也能够促进更多元素进入到社会治理体系中，这种新型有效的合作模式在更广的范围内得以实现。

各地都在社区教育实践中引入社会组织和团体，充分激发市场活力，推动举办主体多元化，通过政府购买服务、项目合作等多种方式，支持和鼓励各类社会力量举办或参与社区教育。上海的治理体系历来主张"政府运用行政权力进行自上而下的社会整合,政府由外向内、由上而下,构建'纵向到底,横向到边'的城市社会管理体制,社区成为城市政府的活动空间"(许义平、李慧凤,2009:22)。该导向强化基层政府的作用和功能。上海提出的"两级政府、三级管理、四级落实"模式有效填补了单位制解体后遗留下的社区管理真空,但社会组织的生长空间就变得狭窄了。

案例9:民非机构参与社区教育[①]

上海市松江区共有登记注册的各级各类民非教育机构近70家。这些机构总计拥有数万平方米的教学场所、数千教师,数亿元教学设备,开设数百门学习课程。这些课程面向中小学生以外的人群,满足人们多元化的学习需求,特别是萨克斯管、国标、陶艺、陶笛、茶艺、插花、烹饪等紧缺课程深受市民欢迎。

社区教育的场地、设施、课程、师资都面临瓶颈,90%以上民非教育机构周一至周五的白天,师资和校舍都处于闲置状态,存在较大的浪费。因此,松江区选择一批优质的民非办学教育培训机构作为社区教育服务的优先购买对象,鼓励社区学校与之合作。如松江区中山社区学校与同舟职业培训学校签约,培训学员108人。这种合作的特点是根据社区学校需求和民非教育机构的能力,由前者向后者购买服务。社区学校负责招生、管理等工作,发挥主体作用;民非教育机构发挥客体作用,接受对方委托开展教学。

在教育部严厉打击校外学科类培训的当下,民办培训机构面临向文化休闲类、素质教育类培训转型的经营策略改变。激活民非教育机构闲置资源,服务社区教育,更是具有积极意义。通过合作,实现终身教育系统资源优势互补,尤其是在部分社区教育尚无力或难以推出的课程和资源方面,

---

[①] 本案例来自笔者参与编写的《从组织学习到学习组织——上海市民学习团队发展模式研究》一书,下同。

民非机构有天然优势，两者合作，在丰富教育资源、提供更多学习场所的同时，也能满足居民学习需求，为社会培训机构参与社区教育的长远健康发展提供助力。

通过提供师资、开发课程等方式，社会组织在社区教育领域生根开花。如上海市闵行区根据各街镇实际情况，紧紧围绕解决民生问题倾心打造品牌项目，吴泾镇"1号里"项目囊括了公共、便民、志愿、协同、学习等各类市民服务内容，通过集纳多方资源，将教育的元素有效融入各功能区域，努力探索"共治、自治、带治、互治"的市民服务新平台，打造市民快乐生活园和邻里守望的服务圈。成都市锦江区通过出台政策、搭建平台、购买服务等方式，为社会组织提供支持，推动100多个街道建成380多个"院落学习点"，还推动了"五福桥社区儿童之家""量体裁衣锦江区残疾人就业促进项目"等建设。河南省郑州市成立社会组织孵化基地，政府通过购买服务与公益创投相结合，引进专业的执行团队负责孵化基地的日常运作管理，孵化社会工作服务机构，推出社区教育项目。

上海市普陀区有一支终身学习推进员队伍，是以自主自治为特点的社区志愿者组织，规模达到千人左右。学习推进员的任务是为社区百姓提供学习咨询、介绍推荐活动和课程，逐步提升了社区百姓对社区教育设施的知晓度和认可度，有效提高现有社区教育设施的利用率和全区百姓的参与度。终身学习推进员队伍定位为自主自治的民间组织，自主自治是其持续发展的基本形式，其中不乏教师、医生、社区工作者、离退休干部和社区团队领袖。他们能够保持如此高的热情和积极性，依靠的是精神上的责任感、使命感以及团队的凝聚力。终身学习推进员借鉴自日本大阪推进终身学习、建立公民馆等做法，实践证明，这样一支志愿者团队有助于培育社区居民互相信任、和睦相处的符合公序良俗要求的社会氛围。从问卷调查的数据来看，参加过或正在参加社区教育的群体，会更加积极主动地参与

第 6 章　互信与互惠：道德密度与利他行为的增强

社区活动，也会更加愿意奉献社区，为其他社区成员服务。

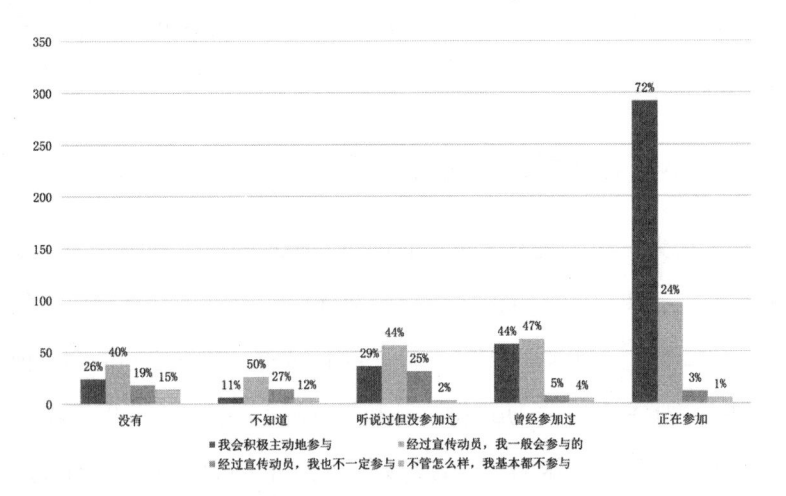

图 6-7　了解参加社区教育课程活动对参与社区活动意愿影响的交叉图

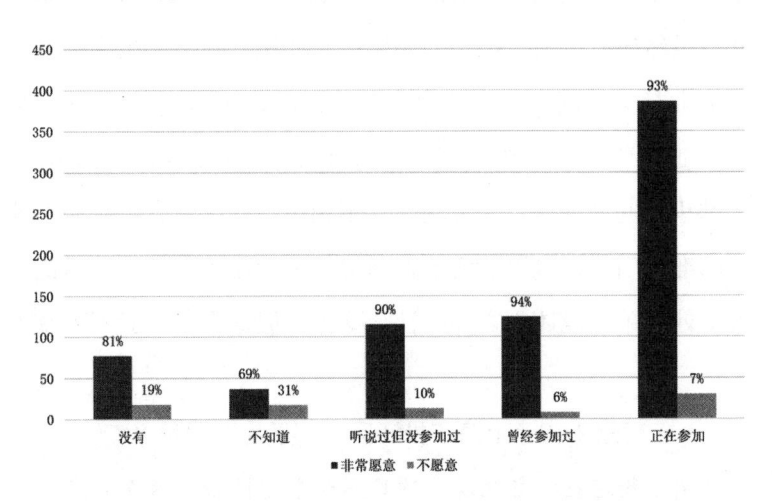

图 6-8　了解参加社区教育课程活动对奉献社区意愿影响的交叉图

参与治理蕴含了有限政府、民主参与、社会公正等理念，多元参与中的合作治理是政府与市民之间的积极而有成效的合作。市民社会的组成包括了各种非政府和非企业的公民组织，强调多元主体治理模式下的合作机制，以及平等协作的参与模式。志愿者队伍在参与社区教育的过程中，社区自治力量不断壮大和成熟，社会治理框架被放置于各方平等合作的平台上。参与中的合作治理既是民主自治的要求，也是一个社会走向成熟的标志。

6.3.3 参与者和组织者的角色互换

郑杭生认为，社区成员之间互助合作、相互照应、和睦共处，是维持基层社区安定、建构和谐融洽的社会生活环境、树立良好社会风尚的重要条件之一（郑杭生，2008：110）。在传统社区中，邻里之间的相互依存、相互守望的淳朴关系，"长期保持自制和修身的生活方式，尊重权威、节约，对稳定的家庭生活具有压倒一切的关切"（彼得·贝格尔，2015：256），曾经是维系儒家社会共同体生活的基本力量。这种"依靠人际关系约束信用的方法，虽然还有效力，但是如果换一个环境，把它移植到陌生人组成的大范围商业社会，就会失去约束力"（张静，2019：8），推广亲友规则（比如孝道、责任）解决不了对公共社会的治理问题。在新兴的城市社区里，邻里之间往往是点头之交，互不相识。社区教育没有如学校教育那样严格的准入门槛，多以生活情趣和价值理念作为其特点，由此吸引和整合了大量处在单位或体制之外的社会群体，但这也是一股不可忽视的社会力量。

案例10：上海市松江区"邻里缘"项目

松江区永丰街道把"邻里缘"项目列为本地区社区教育重点项目加以大力扶持。"邻里缘"自诞生之日起就受到了社区老年人的追捧。因为它以情感为基础、以兴趣为纽带、以快乐为目标。活动中，大家集中到一户居民家里，依托邻里之缘，开展邻里学习，取得良好成效。目前，全街道共有98个"邻里缘"学习小组。

松江地区有许多老人原来是本地农民，目前社区内的不少空巢老人喜

第 6 章 互信与互惠：道德密度与利他行为的增强

欢三五成群聚在一起，谈天说地。郊区地域较广，因此为了便于老年人就近学习，根据居民居住相对分散、感情深浅不一、兴趣和需求相对多元的实际情况，按照"相对集中、相对分散"的原则开展活动。生于同一宅基地、长于同一宅基地的居民虽然已经各奔东西，但是从小深受宅基文化熏陶的他们，自然而然能够形成学习团队，团结互助，共同进步。

长宁区华阳路街道厉阿姨在没有参加社区教育前，主要帮着儿子带孙女，或者就是在家看电视织毛衣，平时也会和小姐妹出去旅游，老伴平时在家养花看书。参加社区学校的课程后，她觉得"社区教育有助于改善人与人之间关系，因为我们一起上课之后都会相互加微信，课后也都会有交流，感觉对邻里关系改善是有帮助的"。她在课上学习了健康知识，其中有关于急救的课程。她说："有次隔壁邻居家老陈心脏病发作，还是我帮着一起照顾等到120来的，感觉遇到突发状况更冷静沉着。"

马斯洛的需求层次理论广为人知，人们对提供帮助、获得认同的心理需求一直真实存在。参与社区教育有助于增强社区居民公益服务理念，提升其社会责任意识。从居民的需求来看，许多领域的服务空间非常广泛，有待开拓，需要更多的专业人士来参与，从而为社区居民提供更多的服务内容。社区教育的开展，势必能培养广大市民更高的思想认识水平。公民参与是一种公民权利的运用，"参与治理"蕴涵了有限政府、民主参与、社会公正等理念，被认为是公共事务和公共行政的最佳模式（李慧凤 等，2009：27）。随着受众面的不断扩大，会影响越来越多的人参与其中，为培养后续的成员提供可能。当发展到一定规模和程度后，必然会有反哺社会的成效。

在问卷调查中，超过七成的受访者在社区活动中是参与者的角色，但仍有6.7%的人愿意做组织者。而居委会承担了大部分的社区活动发起任务，居民自发或社区自发的大约有两成。

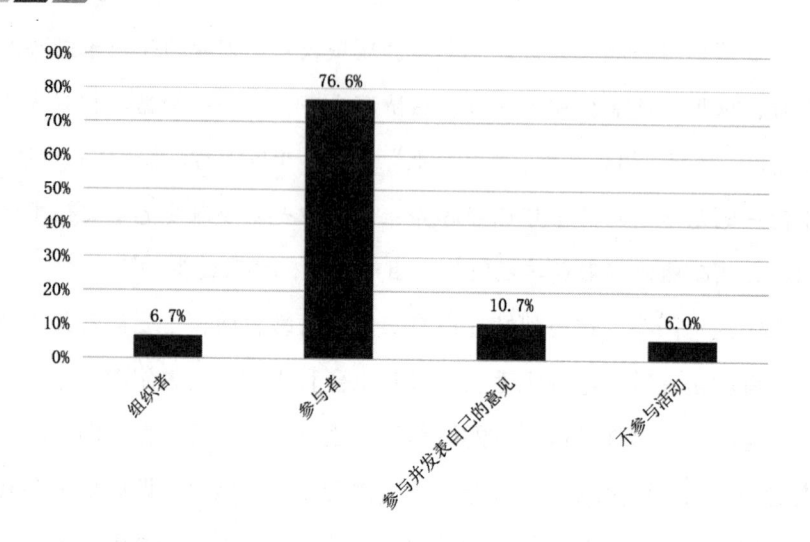

图 6-9　社区活动中担任身份分布图

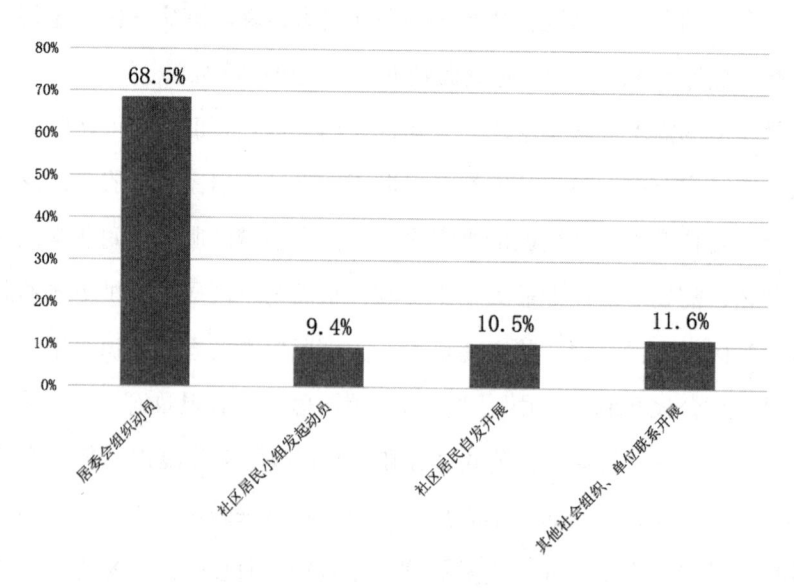

图 6-10　社区活动发起者分布图

利他与互惠同时呈现，在服务社会的过程中，居民能够将自己的学习成果贡献给他人，比如许多社区学校的合唱队、舞蹈队常会去敬老院义务演出，书法团队的成员常在春节免费为居民写对联，社区里的学生志愿者

第 6 章　互信与互惠：道德密度与利他行为的增强

也会将服务他人作为其校外教育的组成部分。从人的本性来说，每个人都有乐于被他人需要的天性。当有能力为他人做些什么的时候，说明自己还是这个群体的重要成员，会感到由衷的荣誉感，以及奉献自我的快乐。

案例11：海南澄迈的"候鸟"志愿者

海南澄迈县的"椰岛小城"在2014年刚开发之初，还很少有居民入住，椰岛小城的社区活动场地没有教室，没有正式的书桌，场地非常简陋。许多从北方到海南来度假生活的居民组建了"康乐美养老协会"，当地为充分发掘和利用"候鸟"人才这一独特智力宝藏，吸收协会学员参与教学，无偿进行志愿服务。参与志愿服务的"候鸟"们乐在其中，从第一年开设两门课，到第二年开设了国画、书法、摄影、舞蹈、柔力球、门球、太极、模特八门课程。"椰岛小城社区学校"以社区特色"养生乐活"配套，通过引入社会团体、依靠学员力量进行办学，旨在为更多的中老年人搭建多样的生活、学习、娱乐平台，让周边社区居民体会"养生乐活"的意义，同时，对于发展推进澄迈社区教育创建工作，助推澄迈县社会管理创新、海南自贸区自贸港建设，都具有重要意义。

在访谈中，一位社区基层干部说，"为了确保辖区内的维稳治理，消除社区老年人白天大规模打麻将的情况，提高文化素质，营造学习氛围，我们会花钱请社区居民来上课，比如送一些肥皂牙膏的小礼品"，同时，"这些居民后续也会成为社区的志愿者、义工团队的力量，让社区内部关系更融洽，对于社会治理而言，实现了基层社区的稳定，减轻了基层维稳的压力，更重要的是提高了社区居民自治的能力，为政府管理减轻负担"。早前笔者对于花钱请居民来上课或参加社区活动的做法，也觉得很奇怪，基层社区本身就在以公益性价格或者免费提供学习资源和服务，为何居民会不买账？在和多位居委会干部沟通后，发现基层社区的实际运作逻辑与学理逻辑或我们头脑中的想象是有差距的。借用现代商业的一个术语，花钱请居

· 131 ·

民来参加活动的做法类似于商家的引流策略，以一点小礼品来撬动居民成为社区教育的参与者，并进而在参与者中培养出更多的组织者，推动社区教育的自我运作、自我组织和自我完善。

从一个名词字面上理解到的含义，往往只是显而易见的成品，而制造、体验、分享这个成品的过程，以及在过程中产生的副产品，逐渐成为人们的真正需求。理解社区教育，不仅仅是要理解"教育"，或者说从教育层面来理解它是否走错了方向，更要理解"社区"，从社区共同体的意义来理解它。社区教育受众，不完全是冲着受教育的目的，甚至不少人对受教育这个本该是字面上的最终结果是不在意的，他们更在意过程，以及在过程中构建起的互动、规范、信任和共同体。这些要素既是基层社会治理的基础，也体现了治理的成效。从学习共同体到社区共同体，是社区教育演化的底层逻辑，而这个过程本身比结果更为重要。社会的任何产物都体现了社会本身的意志，要达成这种意志还必须形成一致性的认同，下一章将继续阐述这个问题。

第 7 章　规训与习得：
集体意识的建构

社区教育是一种中介结构，是"社会中产生并维系价值观念的机构"（彼得·贝格尔，2015：298），政策的意图通过这类中介机构来实现，行为的规训和生活方式的习得依赖集体意识的建构不断迭代。社会团结的关系紧密程度主要取决于集体意识与个人的联系，集体意识成为其中的核心要素，集体意识的覆盖范围和强度越大，对个人的作用就越强，这种处于个人与现代社会之间的结构是双面性的，"既面向上，又面向下"，将个体与社会的价值观念联系起来，从而让基层社会治理获得更强的合法性。

7.1　意识形态的输入

意识形态的输入是对思想的塑造，创造出理想中的信息回路。

7.1.1　意识形态的氛围营造

一是政策的制定和发布。在国家层面推出的关于"社区教育"的政策文件中，许多都提到了关于意识形态的问题。如教育部等七部门《关于推进学习型城市建设的意见》中提到，建设学习型城市，有助于培育和践行社会主义核心价值观，提升国家核心竞争力和社会文明程度。《教育部关于推进社区教育工作的若干意见》中也提到：社区教育发展适应了我国发展先进生产力对提高社会全体成员整体素质的迫切要求。而在社区教育刚刚起步的20世纪90年代，这项工作是被当作社区维持稳定、缓解群体性矛盾的减压阀式管理手段的。这些政策文件强调了在推动社区教育过程中，宣传主流意识形态和价值观的重要性，也将其看作服务城市经济发展和社会管理的一种手段。2016年，《教育部等九部门关于进一步推进社区教育发展的意见》印发，要求各省市制定相应规划、成立指导机构，并强调社区教育工作中意识形态宣传的重要性。

二是社区教育的思政课程和课程思政。社区教育的课程百花齐放，门类繁多，但其中有一部分课程自带意识形态属性，如时事政治讲座、读报小组、国际形势解读等，这些课程的对象与其他社区教育受众很不一样，其特点是男性居多、文化层次较高、离退休干部偏多。在2019年新中国成立七十周年和2021年中国共产党成立一百周年之际，各省市区的社区和老年团队都在举办红色主题的书法、绘画、合唱等比赛和展示，如安徽省繁昌县繁阳镇新光社区开展"我们的节日"活动，包括读书演讲、书画剪纸展览、知识竞赛、文艺演出等文化活动，传播正能量，弘扬社会正气。近几年随着国家对优秀传统文化的倡导，国学内容在社区教育中明显增多，如贵阳市社区教育试点菊林书院，以传播国学文化，开展国学、书法、诗歌、绘画、歌舞等为主，又如"北京大学国子监大讲堂"，是弘扬中华优秀传统文化的国学文化学习平台，整合了北京大学的国学师资资源和北京市东城区历史文化资源，以中华文明精髓和传统文化为讲座内容，涉猎了文学、历史、哲学、宗教以及美术、音乐、舞蹈等各个学科领域，吸引上万人次到现场聆听。

7.1.2 各类大型活动和仪式

全国层面的全民终身学习活动周每年都定期在十月举行，而各省市也都举行自己的活动周，如北京、上海在每个区县都有相应活动，盛大的开幕式和连续不断的各类活动可达 500 多项。"仪式在道德上重新塑造了个体和群体，而且人们坚信仪式拥有着支配各种事物的力量"（涂尔干，2006：354）。大量的赛事活动和仪式表演，强化了人们对"终身学习"理念的认同，反复强调的重复话语让概念很难再被从记忆中抹去，使得集体意识的本质要素得以发扬。如新疆阿勒泰地区社区组织开展了各项教育培训会，党员先进事例报告会，安全、文明、卫生、法制、爱国教育等每年近 200 场次。"通过举行仪式，群体可以周期性地更新其自身的和统一体的情感；与此同时，个体的社会本性也得到了增强"（涂尔干，2006：358）。仪式是社会群体重新巩固理念的手段，其唯一目的就是要唤醒参与者的观念和情感，并在仪式结束后感受到精神上的满足。在国家倡导和举办的全民终身学习活动周中，每年都评选终身学习品牌项目和学习之星，树立典型、表彰先进。

7.1.3 价值观的影响

意识形态是集体努力的杰作，靠着每个人的行动和经验不断丰满，是社会作为一个整体借以表现经验事实的方式。各地基层社区越来越意识到社区工作的重要性，而宣传工作又是重中之重，这很大程度源于基层工作在推进过程中遇到的阻力和障碍。人们的时间和精力是恒定的，在意识形态工作薄弱的地区，其他思想就会来占据人们的头脑。于是，社区教育借着价值观的营造和渗透，成为公民教育、意识形态输出的阵地，要让"社会主义核心价值观在社区教育工作中进教材、进课堂、进头脑"。社区教育营造的群体活动空间，更加能够强化这种宣传的效果，这与涂尔干所称宗教的意义来源于群体仪式如出一辙,因为群体的同质性"使群体意识到自身,也就是形成了群体意识"(涂尔干,2006:219),尤其对于社区中沉淀的大量低收入、处于社会下层的群体,他们对生活现状的不满容易使其走上对抗冲突的极端道路,但他们往往也是最容易从众的人群,他们需要思想的引导。

观念就是一种集体呈现。从社区教育的角度,疫情期间活动场所、老年大学等都关闭了,但社区可以和中小学"停课不停学"一样,通过网络和线上开设了课程和讲座,上海市教委在有线电视频道专开了一个金色频道,滚动播放社区教育、老年教育内容。

播出频道	时间	节目
金色频道	00:00	智能手机训练营
金色频道	00:20	生活好技艺
金色频道	00:40	乐学书画
金色频道	01:00	大医周刊
金色频道	01:20	花样新时尚
金色频道	01:40	走进国粹
金色频道	02:00	母婴
金色频道	02:30	艺术课堂
金色频道	03:00	智能手机训练营
金色频道	03:20	生活好技艺
金色频道	03:40	乐学书画
金色频道	04:00	大医周刊
金色频道	04:20	花样新时尚
金色频道	04:40	走进国粹
金色频道	05:00	母婴
金色频道	05:30	艺术课堂
金色频道	06:00	智能手机训练营
金色频道	06:20	生活好技艺
金色频道	06:40	乐学书画
金色频道	07:00	大医周刊

图 7-1　上海金色频道栏目截图

笔者随机截图了金色频道的节目表,可以看到与线下老年大学开设的课程类似,同时也增加了诸如智能手机使用这类呼应教育部办公厅 2021 年 7 月出台的《关于广泛开展老年人运用智能技术教育培训的通知》的内容,此外,健康养生类课程里加入了不少针对病毒传染、居家隔离、打疫苗的宣传内容。从 2021 年上半年开始逐步恢复线下授课后,老年大学学员在佩戴口罩、测量体温、使用健康码、行程码方面都非常配合,可见其宣传和示范效果。同时据笔者的访谈,这些老年学员主动打疫苗的比例也非常高。

7.2 行为习惯与思想的规训

真正意义上的行为习惯养成,需要不断重复的训练和设计精妙的制度。教育的意义就在于让受教育之人的行为符合社会预期,对于学生而言,整齐划一的坐姿和集体诵读,都在形塑和强化其融入群体的行为习惯。如果有人不按别人认为的"理所当然"的方式行事,不仅是其周围的人,包括他自己,都会感到不适,这就是库利所言的"社会自我",它"是意识对自身产生于交流生活的某种思想或者思想体系的认识和感觉"(库利,2015:126)。我们对于任何事物的观念,是来自"人类生活的全部经验的多种因素的综合的、想象的理解"。个人不仅要学习这种客观化的规则,还要努力与其保持一致,把这些内容引入自身,内化为自己的一部分。

7.2.1 生活习惯的改变

如上一节讲到的,社区教育承担了大量政策宣传的工作,每当有大型的社会运动,自然需要配合以广泛的宣传和训练。从 20 世纪 90 年代就开始提出的"垃圾分类",到 2019 年各类导向性政策和措施密集出台,在学习新的行为准则的过程中，人们被教育和训练如何去分清楚垃圾种类，怎样去正确投放不同种类的垃圾。与其说学习垃圾分类的内容，不如说是训练分类的过程，才是这场活动的重点。人们首先学习一遍分类方法，默记在心，反复练习，面对真实场景，往往还分不清鸡蛋壳和肉骨头是干垃圾还是湿垃圾，只好拿出手机来查。生活在社会中，就要过这个社会所要求的"有秩序、有意义的生活"（彼得·贝格尔，1991：28），社会就是秩序和意义的卫士。每个小区张贴了定时定点投放的须知，派了众多志愿者把守监督，未能正确分类的居民受到劝导和警示，多次违反的人可能会被罚款，定期对每个街镇的垃圾分类情况评出名次等级，并在官方媒体上公布出来。社区教育也承担了宣传教育的职能，比如办讲座和课程，培训居民如何进行分类，组织志愿者监督社区垃圾分类。

无视分类规则的人，就被视为缺乏环保意识、不符合现代公民要求的人。虽然倒垃圾行为是公开的，垃圾分类却是要在家里完成的，上海是执行垃圾分类最早也是成效最好的地区，可能很大程度上要归功于铺天盖地的宣传和无孔不入的训练。随着垃圾分类理念的深入人心，行为习惯逐渐养成，许多小区不再配有志愿者，只是上下午定时有人打开垃圾房，人们就会按照要求倒入垃圾。上海的垃圾分类要求湿垃圾破袋后倒入垃圾桶，我见过有人在没有意识到周围有他人的情况下，连袋一起丢，然而当发现有其他人后，立刻把袋子拎出来了。垃圾分类的意义不仅仅在于生态和环保，更在于过程本身。

在基层社会治理方面，政府与社区的关系是相互的，政府给社会组织和个人更多的自主空间和条件，可能会更激活社会的主体性。政府与社会不是二元对立的关系，而存在着非常多的合作空间，只要政策和体制建构合理，政府与社会完全可以形成"双赢"。"社会"有很大的潜力，每个人都有社会性，都愿意参与集体活动，利用好这样的社会性，就能实现基层社会治理的有效和有序。

7.2.2 行为和思想的成效检验

2019年开始的垃圾分类如果还只是一场小范围演习，2020年新冠肺炎疫情的到来无疑就是真枪实弹的实战了。在抗疫过程中，我们都惊叹中国社会在重大灾难面前的超强动员能力，以及基层社区百姓统一听指挥的集体主义精神，这当然要归功于前文提到的社区在整合凝聚群体和意识形态输出方面做的大量工作，同时对民众日常行为的规训也在此时收到效果。规训让人们的行为更加整齐，减少了个人主义式的自由散漫，在面对突发事件时具有更强的行动力，"精确、专注以及有条不紊"是这种有纪律的行动力的最好注脚。社区教育在疫情期间，做了大量的宣传和引导工作。比如戴口罩这个行为，在疫情前，哪怕是秋冬流感高发季节，也少有人佩戴口罩，除非是沙尘暴或雾霾天，才以口罩来遮挡尘土。经过疫情期间的宣传和引导，口罩已成为日常出行的必备。

案例12：嘉兴市南湖区普光村社区学校进行特殊人群防疫知识宣讲

为进一步做好常态化疫情防控工作，有效降低传播风险，营造疫情防控知识普及的良好氛围，嘉兴市南湖区普光村社区学校在辖区内残疾人之家开展特殊人群防疫知识宣讲活动。疫情防控专员以图文并茂的形式讲解什么是冠状病毒，病毒传播的主要途径，怎样降低病毒传播，"七步洗手法"等，并且向大家强调要提高疫情防控意识，加强个人防护，自觉养成"勤洗手、戴口罩、不聚集"的良好卫生习惯。在工作人员的安排下，统一进行了核酸检测。在排队过程中，工作人员还向他们发放了疫苗接种的宣传单页。

人类社会是外在化了的、客观化了的意义大厦，社会永远在建造一个在人看来是有意义的世界，这是一项永不会完结的事业。同时，社会创造了自我意识之外的"社会自我",它具备社会功能和社会意义,包含库利所说的三个成分:"对别人眼里我们的形象的想象,对他对这一形象的判断的想象,很重要的想象中的别人的判断"(库利,2015:129),于是我们把自己和群体等同起来,用"我们"这个字眼来表示共同的意愿和意见,诸如"并肩作战"的口号就是在表达这种情感。

7.3 现代生活方式的习得

现代社会相较于传统社会的特点体现在选择的倍增,传统社会可供选择的往往是单一的,现代社会的选择性更大。现代生活的特点也体现在人们在观念、生活方式等方面的多元化。传统社会的标志是具有很高程度的被认为是理所当然的确定性,制度和身份被当作和自然事物一样客观的存在,成为一种宿命般的体验,而现代创造了一种新的情境,"在这种情境之中,挑拣和选择变得势在必行"(彼得·贝格尔,2015:158)。这主要源于两点,一是现代社会的"脱域",即"社区生活不仅超越了地域关系的限制,而且超越了传统的各种地方性制度的制约,在一个更广阔的空间中展开了新型社会关系"(许义平、李慧凤,2009:4);二是现代社区比传统社区具有更强的异质性,更易于容纳不同价值观的人群,关系松散且趋于理性。社区虽然已不再是传统的"共同体",但社区教育营造出另一个现代生活的场所,社区教育成为现代生活的组成部分,重构出现代城市社区的新共同体。

7.3.1 提供适应现代生活的理念

在现代社会的生活环境中,"生活规划就显得格外重要"(吉登斯,2016:79)。社区教育提供了一种非常有效的规划选项,它让人们感到非

第 7 章 规训与习得：集体意识的建构

常充实。"随着抽象体系对身体的逐步侵入，所有这些都已发生改变。自我的反身性投射和外部形成的抽象体系可经由此外层进入身体"（吉登斯，2016：203）。现代性的概念系统渗透了我们的思想，使我们彻底信服这就该是现代生活的题中应有之义，也是生活方式的必备选项。一些人，尤其是社会边缘群体，在面对现代性转型的过程中感到难以适应，多半是在价值观上受到冲击，在选择的丰富性得到拓展后感到无所适从。社区教育面对许多中老年人，他们期待每周定时到社区学校活动，一方面是代偿了他们在退休之后原有工作的规律节奏，另一方面尤其对于高龄老人来说，填补了他们对生命终点的不可预期，可预期的课程和活动让其生活变得可规划和有意义。

人们在青年时期形成的对世界和社会的认识，往往在二十多岁定型，此前出现的都是经典，此后出现的皆为异类。老年人看不惯年轻人的种种，也来自现代性带来的多元文化的释放与冲击。笔者曾给社区老年人放映并讲解了李安的父亲三部曲（《推手》《喜宴》《饮食男女》），过程中触及了影片中关于养老、亲子、婚姻、同性恋、黄昏恋等多个话题，比如《喜宴》中的男主角留学美国，与同性恋人感情很好，但碍于父母的传统观念，娶了一位中国妻子作为幌子，而《饮食男女》中的女儿大龄未婚，不愿为了婚姻将就自己的人生。在观影和讨论中，不少老年人是无法接受上述的婚姻选择的，但也有不少老人意识到了，现代生活带来的多元化选择，让年轻人在生活方式上与父辈有了非常不同的理念，而他们需要在人生幸福和传统伦理之间做出一部分妥协和让步，让不同群体的观念冲突得到调和。

解放和疏离，常常是现代性这枚硬币的两面，恰如《推手》中男主角老朱最后选择与儿子儿媳分开住，不同世代间即使是亲生父子，也会因为思想的不同步，龃龉不断。西方文明孕育独特的个人主义，它与现代性特别合拍，重视个人自由、关注个人成长，无不从这种现代性生发出来，但中国传统的非个人主义与这种现代性是否能够相融，仍有待观察。从家庭的层面，中国社会的家庭平均规模与西方社会一样，在急剧减小，2020年第七次人口普查数据是2.62人，比2010年减少0.48人，与此同时单人户数量急剧上升，预计到2050年将有1.33亿人单独居住，其中不乏独居老人。虽然仍有老年人会抱怨晚年生活的孤单，但也有越来越多的老人意识到，子女的生活和自己的生活不应被捆绑在一起，自己在社区里也可以拥有朋友和社交，通过社区教育可以把晚年生活安排得丰富多彩。

7.3.2 提供现代城市的休闲生活方式

现代化前所未有地把公共生活和私人生活一分为二，人们在社区教育中获得的公共生活，无论是课程还是活动，是养生保健，还是声乐舞蹈，都成为构成现代生活的一部分。社区教育在输出现代城市的生活方式，在教导人们如何在如今的都市生活中做一个得体的现代公民。而对于年轻时未接受良好教育的社会底层或中老年退休人群，社区教育提供的学习体验更是一种难得的补偿，比如前文提到的钢琴或声乐课程。社区教育在很大程度上是一种休闲文化教育，休闲本身"营造出一种社会空间，我们可以在其中改变自我定义，并向他人展现我们的自我定义"（约翰·R.凯里，2011：6）。

人类社会正在普遍由生产转向消费，由劳动转向休闲。工作和休闲的界限正在被重新定义，分解为有报酬的工作和无报酬但令人沉迷的休闲。机械化和智能化的社会，理应极大程度解放人类的工作时间，转而进入休闲和消费。休闲是人类社会属性的一个重要部分。休闲是人类生活的一个珍贵而稀有的条件。休闲也是一种精神状态，让人们感受到自己是自由的，拥有可以驱动自身的生活动力。人的生活区分为三种用途不同的时间：生存时间、维生时间、闲暇时间（爱丁顿，2009：3）。闲暇时间是一种没有任何外在强制因素干扰的时间,人们可以随其所愿去做自己喜欢的事。在当代社会体系中,闲暇时间的长度占据人们生活的比例越来越大。休闲具有一种特别的功能,即通过交流将群体联结在一起。休闲就是一种社会空间,在这里,朋友和家人之间的亲密关系得以发展。

社区教育自身带有的休闲属性,让其天然地营造出这种社会空间。休闲能够通过交流将初级群体联结在一起,在社区教育的空间中,休闲就是一种社会空间,朋友、家人和邻里的亲密关系得以发展。休闲所具有的特点,就体现在人们可以进行面对面的交流,没有什么特定的目的。社区教育能够通过休闲文化活动,孕育出创造性的结果,"展现出个人的价值,有助于人们的自我实现"(爱丁顿,2009:8)。在提升生活品质方面,社区教育着力培育和倡导休闲导向的价值理念,营造具有各类休闲设施和资源条件的良好环境,以此来提升人们的生活品质。社区教育让人们居住的社区变得更加宜居了。宜居社区的概念不仅包括在经济上为人们提供物质生活条件,还包括休闲导向的活动,提供给人们丰富的社会文化生活,"在宜居社区的内涵当中,显然包含着能为人们的休闲提供各种设施、资源和机会等诸多便利条件的意涵"(爱丁顿,2009:60)。社区教育的学员未必在意课程本身,而更在意与老师、同学结下的友谊,社区教育中出现了学历教育很难见到的长期自愿留级蹲班的"老面孔"现象,甚至有十余年不间断报名老年大学同一个课程班级的情况。

7.3.3 提供健康正确的科学观念

现代性是科学的产物,社区教育在生产和传播正确的科学观念。一是对养生和健康的态度,从前文的调查数据可以看到,社区居民对养生类课程的热衷程度很高,但囿于知识层次的限制和媒体宣传的误导,许多人会产生错误的观念,如上海某知名沪语节目主持人曾长期在电视上推销其自有品牌的老年鞋和冬虫夏草保健品等，但近来已销声匿迹，一方面是产品与广告宣传不符，另一方面国家食品药品监管总局发布了一则《关于冬虫夏草类产品的消费提示》，警告消费者冬虫夏草存在砷超标风险，不适宜作为保健品服用，又如社区里经常出现的保健品厂商邀请老人集中听课、推销产品的情况仍然屡禁不止。对健康生活的管理已成为现代社会的应有之义，不仅养生保健受到欢迎，营养科学、健身运动等课程也广受追捧。年轻白领热衷的瑜伽课，在社区的课堂里也受到中老年人的喜爱。上述这些一方面源于对健康生活的憧憬，另一方面也来自对自我管理的道德评判，比如肥胖的身材在当下社会往往被看作缺乏自控力的象征，令人联想到在其他方面的管控能力，而诸如坚持素食、运动等常被视为自律的表现。上海的大部分街道社区学校内设有健身房，收费很低或者免费，不乏社区居民、中老年人坚持前来健身。同时，近几年马拉松运动也在许多运动爱好者中越来越火，甚至出现了不少六十岁以上老年跑者的身影。

二是对科学的态度，科普进社区历来是社区教育的重点，如河南郑州桐柏路街道风和日丽社区的"科普大学"，主体人群是离退休老人、家庭妇女，先后开设了"运动与健康""饮食与健康""声乐与歌唱""法律与生活""家庭与教育""环保与生活""安全常识""旅游指南"等8门课程。

三是对智能设备的态度。社区教育中关于电脑计算机的培训由来已久，但近几年这方面反而有所弱化，取而代之的是智能设备，尤其是智能手机的应用、拍照修图、各类APP的使用等。社会各阶层、年龄人群在智能设备使用素养上的提升，也让许多网络技术成为可能。教育部办公厅2021年7月出台《关于广泛开展老年人运用智能技术教育培训的通知》，要求针对老年人在运用智能技术方面提供培训。不少老年人对于上网、使用智能手机存在畏难情绪，也缺少有效的学习途径，他们在出行、就医、消费等日常生活场景中遭遇许多不便，没有享受到数字化时代智能服务带来的便利，社区教育有责任帮助其跨越这道数字鸿沟。不过智能设备的负面效应也在显现，老年人同样会沉迷于抖音、快手等短视频，迷信朋友圈微信群传播的所谓"养生知识"或各类谣言，他们对出现在电视、网络、手机上的新闻和讯息，天然地认可其真实性，很少产生怀疑。线上教育虽然能够传播知识、答疑解惑，但缺少真实互动和人际交流令教育的社交和群体属性大打折扣。网络可以成为社区教育的一种形式，但绝不是全部，否则就违背了教育的初衷，也背离了社区居民参与社区教育的目的。

世界是一个由无序向有序运动的熵增过程，我们建立和维护秩序的努力似乎都在对抗它，但事实上并未阻止这个过程。如果社会治理的目标是社会秩序的稳定，那么达到目标的动态过程才是治理的意义。过程的意义大于结果，治理的意义也在于过程，而非结果。建构集体意识同样不意味着统一人们的思想才能达到治理的目标，基层社会治理要求多元主体参与，恰是参差多态的社会本性使然。我们无法改变社会的发展进程，但可以让这个过程变得稍微美好一些，因为过程比结果重要。

第 8 章 社区教育的社会意蕴及其实现路径

"社区教育"带着教育二字,但一直以来在教育领域内不占主流话语权,无法与基础教育、高等教育等相提并论,在许多地区的行政管辖划分里,经常和成人教育、继续教育或职业教育放在一起,在其实践发展中也遇到不少障碍和问题。对于社区教育的理解,不仅仅要从教育本身入手,教和学是其表层显像,更要从社区入手,从学习共同体到社区共同体的演化才是社区教育的底层逻辑。本章试图从社区教育发展的特性入手,从理论和实践两个层面,论述其赋能基层社会治理的可能路径。

8.1 理论层面的讨论:从学习共同体到社区共同体

从学习共同体到社区共同体,是社区教育演化的底层逻辑,而这个过程本身比结果更为重要。人类的群体动物本质属性亘古不变,历代除了残酷的死刑和肉刑之外,流放就是最严厉的惩处手段,即使是给脸上刺字的墨刑,也意味着通过对个体进行标记以实现群体对其的排斥。人们是如此渴望和需要群体，以至于发展出了集体意识，对个体可以在思想、行为和生活方式层面产生深刻的影响。

8.1.1　功能定位：与其说是"教育"的，不如说是"社区"的

社区教育既是"教育"的，更是"社区"的，最终的落脚点更应该是在"社区"。教育的属性体现在其课程内容、教授方式、教学安排等方面，社区的属性使其在某种程度上有别于教育的种种条条框框。许多社区教育领域的专家都讨论过，社区教育姓教还是姓社？目前的研究多集中在教育领域，社会学对其关注有限。教育学的视野集中在社区教育的教学、课程、师资等，用学校教育的框架来套社区教育，这反而是一种削足适履的行为。教育学的方法论已经难以支撑起对社区教育之于社会发展的研究和探讨，必须引入更为宏大的社会学视角来进行观察和思考。

社区教育的定位局限在教育领域的直接后果是，目前的大量研究和实践探索，呈现高度的内卷化，即在一个狭小的概念空间里反复精耕细作，一直聚焦在诸如建设课程体系、加强师资培训等这些基础教育平移过去的研究范式，评价标准也逐渐向学校教育靠拢，比如对社区教育中休闲娱乐元素的批判，认为其无法体现教育的成分，似乎唯其如此，才能体现社区教育的质量和价值。笔者并非指责上述做法完全错误，但视野的狭窄必然导致发展空间的逼仄，这几年社区教育自身的发展已经能够证明这一观点。

当我们把视野打开到更广的范围内，会发现社区教育是植根于社区的，无论从形式、内容，还是其服务对象和群体来看，都和社区息息相关，甚至在许多方面都与传统意义上的教育形态和要求不尽相同。我们只有把社区教育放在社会治理的框架下，才能够理解它的课程为什么不一定是在课堂里，它的受众可以囊括各类阶层群体，对它的评价也不能仅局限在教学成果上，而要看到其对社区成员、群体和关系的促进和维护上。

8.1.2 集体意识：认同是建构主观现实的基础

如果我们认同人们的行为和对现实的理解来自社会的构建的话，集体意识无疑就决定了社会团结的关系紧密程度，社会把观念和行动都纳入了集体意识构建的模型里。"认同是社会过程形塑的。一旦结晶，它就会被社会关系维护、修正乃至重塑"（彼得·伯格，2019：215）。

一是学习理念的渗透。社区教育让市民认识到了学习对于现代生活的重要性，聚焦个体，实现学习者全面而有个性的发展。目前对学习的认识，大多仍停留在完成国民教育，进入社会职场以及退休之后，学习之于个人，是一个逐渐退化的过程。社区教育要让市民意识到"终身学习"的价值和意义，营造出各类学习空间，鼓励和推动市民参与其中，满足不同年龄、职业人群的学习需求，赋予社区成员以新的生活意义。

社区教育的研究，要关注到市民整体素养的提升，成为现代化社会的合格公民这个层面。现代化归根结底是人的现代化，社区教育强调以人为本、从人出发，每一位学习者都有机会，在任何年龄，接受适合自身的教育；关注居民在参与社区教育之后真切感知到的能力增长与素质提升，精准服务居民个体的成长；通过社区教育开启民智，提升市民整体文化素质和科学素养。

二是意识形态的渗透。国民教育体系中正在不断增加意识形态内容，国民教育体系之外的社区教育，自然也不能例外。且社区教育主要面向成年人和中老年人，原有的教育系统并没有将其纳入其中，社区教育的发展，无论是理论还是实践层面，都应该看到在意识形态的构建上，社区教育能够为构建一种基于普遍认同的社会价值理念，提供非常有效的平台和载体。

教育本身不完全是知识的传授，更重要的是行为习惯的养成和价值观念的塑造，在某种程度上后者的重要性可能更加凸显。社区教育面对的人群，决定了其很难只通过传统教育模式来实现上述目的，而在这方面的探索和研究是相对匮乏的，尤其当我们逐渐认识到，社区教育可以实现的目标，远比教育本身要多。

8.1.3 社会团结：从陌生人社会到熟人社会

鲍曼认为，现代技术拉远了行为与后果间的距离，生活在现代社会的人们看不到后果所导致的道德盲视，现代性社会是对人类的巨大考验。社会分工增加了社会容量和密度的同时，也在降低道德密度，因为道德正是由于"他人的接近"才出现的，熟悉的人之间更容易建立起道德秩序，陌生人之间更依赖于法律规则。

社区教育构筑起的共同互动的空间，是增进社区互动频率和协作关系的助推剂，也对城市化进程中人口大量流动后社会各个环节的相互融合起到促进作用。社区教育的内涵要紧扣社区居民的关切，聚焦社区发展的关键结点，体现在基层社会治理中的作用和意义。一是社区教育要整合不同阶层的各类人群，包括独居老人、空巢家庭、下岗失业人群、残疾人等边缘群体，体现社区教育的公益性，促进社会公平。二是要整合不同利益诉求的群体，让社区教育在基层社会发挥减压阀的作用，比如闵行区马桥镇搭建了"村民周周会"这一新的社区教育平台，利用社区教育这个载体，创新协商民主的实践形式，强化基层权力运行的监督力度。三是社区教育要整合不同年龄的人群，在我国人口加速老龄化、少子化的大趋势下，不仅关注"一老"，还要关注"一小"，不仅办老年教育，还要办亲子教育、青少年教育等，并可两者结合。

上述提到的问题在目前的社区教育研究框架内，都很难得到圆满的解答，唯有拿到社会治理的视野中，我们才能看到其价值和意义。社会团结，作为一个有效的分析工具，让社区教育的研究向中观的群体层面和宏观的社会层面有了进一步的拓展和延伸。社区教育要在社会治理的大框架下，形成共建共享的社区教育治理体系。在经济社会的急剧变革中重新定位社区教育，找准切入点和着力点，密切服务国家发展的重大战略。在社会治理的大框架下，把社区教育的课程、活动和组织，服务于社区多元主体，让其共同参与基层治理，实现社区和谐、百姓安居。

8.1.4 虚拟和现实：生活在真实的社区还是网络的空间？

社区教育的平台要不断延伸，打破实体办学围墙，打造出新型的学习共同体。2019年前，数字化已经是社区教育的热门研究方向，许多地区投入了大量财力、人力去建设网站、在线课程、微课、手机APP、微信公众号等在线学习交流平台。客观来说，在线学习的确丰富了居民获取学习资源的方式，尤其是在疫情期间，如前文提到的上海，在有线电视开设金色频道，以及各区在线上进行的教学直播，让社区居民足不出户也能享受到社区教育。但网络或者移动网络对社区教育来说只是平台和手段的丰富，仍无法取代线下活动的重要价值。疫情让网络学习更加普及，并不代表数字化会成为社区生活的全部。疫情过后，人们对商场、文化场馆、体育设施这些公共生活的报复性消费即可见一斑。

无论是社区教育还是其他教育领域，在近几年，数字化建设和网络平台建设突飞猛进。政府在国民教育数字化方面的投入和市场机构在在线教育平台的投入很大。但事实上网络化建设呈现内卷困境，存在大量低水平重复投入，并未有实质性的模式改革和突破，多是在概念和各类名词上不断翻新。

从前文的案例和分析中，可以看到社区教育的发展和基层社会治理的实践，很大程度上仍建立在人们真实的互动和关系中，虚拟网络构建起的在线"社区"虽是有效的补充，但当前火热的"元宇宙"虚拟空间能够替代真实的生活空间和人际关系吗？数字化为我们带来通讯沟通、信息获取、学习资源、娱乐休闲等方面便利的同时，也在冲击着真实的人类互动、交流、分享的载体和模式。线上网络空间是把这些内容包裹在虚拟现实设备中，让人们的体验更加接近真实。接近真实，但永远不是真实，就像《黑客帝国》里主角面对的蓝药丸和红药丸，你是愿意沉溺在填满欲望的奶头乐游戏中，还是回到残酷冷峻的现实生活。今天的虚拟网络还让我们知道自己不是在真实生活中，而"元宇宙"则是要把这种"知道"也消弭掉。随着大数据分析和人工智能技术的成熟，在社会治理、养老事业等领域有可供实践和研究的空间，比如对居家养老的老人生活的数据采集、线上同步、资源推送等。

8.2 实践层面的讨论：社区教育围绕基层社会治理的发展

我们可以有效地控制社会治理的影响，或者说控制集体意识，如同控制社会的大脑。事实上，我们确实在如此操作，媒体、舆论、文化、消费，无一不在发挥着这种影响，教育是其中的一种，也是非常重要的一种。在基层社会治理中，这种影响对治理效果而言，无疑是颇有成效的，也正在受到关注和应用。

8.2.1 管理体制：不是教育部门一家的事

诚如前文提到的，社区教育的落脚点应该是"社区"，而不是"教育"，因此笔者认为，要把社区教育看作一个平台和载体，包括课程、教学和师资也都是载体。笔者作为社区教育从业者，一直坚持认为，在社区教育的

社区教育与基层社会治理

课堂或活动中,不要把自己教师的身份看得太重[①]。教师不是社区教育的主体,主体是社区居民,许多自发组织、自主管理、自我运作的学习团队,没有了所谓的教师,同样办得有声有色。

既然社区教育的立足点在"社区",显然在行政管理上就不应由教育部门一家来承担。在国家层面,社区教育管理权目前归属不明确,教育系统虽是牵头部门,但主管部门往往多头,由于体制和机制等方面的原因,社区教育发展速度有限,资源调配难度比较大。省、市、县基本都有政府投资创办的社区学院、社区学校、老年大学等机构,但管理不统一,教育、老干、民政、卫生、文化、人社等部门在各自职责内开展工作,归口管理问题一直未能很好解决,缺乏一个牵头部门承担有效的沟通协调和管理职责,客观上存在多头管理、各自为政情况,造成发展资源的浪费和发展不平衡,工作部署和统筹协调资源使用方面不够有力,教育资源的效益没有得到充分发挥。

在地方层面,社区教育在各地的管理部门同样不尽相同,由于关联基层社区,其牵涉的部门更广。在大部分省市,社区教育虽是教育系统主导,但在融入社会治理过程中,体制因素的掣肘导致在管理方面与其他部门难以协调一致。社区教育资源共建共享的机制还有待完善,教育、体育、文化、旅游等部门的公共资源作用发挥不够,条块分割、各行其是的现象仍然存在,部分地区缺乏区域内系统的统筹规划和统一的组织领导。社区教育定性模糊,经常和文化、民政等部门的工作混在一起,同一个项目可以一稿多用,哪个部门需要申报材料都可以用。政策措施互相间的联系不够

[①] 在人的成长过程中,受教师的影响会随着年龄的增长不断被削弱。我们历来过分强调了教师在教育过程中的地位,而忽视了人的社会化过程中,其与家庭、社会、同辈群体之间存在着更加紧密的联系,我们不一定会记得自己中学、小学里的每一位任课老师,但多半会记得同班的同学。社区教育面对的是成年人群体,更加放大了这种效应。

紧密，没能很好发挥政府统筹协调规划的作用，对政府、企业、社区、个人在社区教育中的责任、义务认识不够，其相互协调合作的关系也没有明确的规定。

在法律层面，立法滞后，无论是终身教育还是社区教育，目前均无国家层面的法律规定。我国颁布的与社区教育相关的法律主要是《教育法》和《老年人权益保障法》，对老年人受教育的权利予以了一定的法律赋权，但对于社区教育来说，仅有福建、上海、北京等地有地方性条例。在立法的基础上，社区教育还需要建设全面覆盖的社区教育公共服务体系，需要资源整合和共享共用，为各层次社区居民学习提供咨询服务、教学服务、团队服务和资源服务。

8.2.2 资源分布：越是需要的地区越得不到资源

社区教育属于教育领域中比较边缘化的部分，国民教育体系占了大部分教育经费投入，能够用于社区教育的投入极其有限，现有社区教育机构的数量、规模、基础设施、办学经费、教学手段、办学水平还跟不上社会发展的需要和社区居民的需求。如上文所分析的，社区教育通过社会团结的方式，在基层社会治理中发挥了正向作用，这恰恰是许多经济欠发达地区、资源匮乏地区需要的，但往往这些地区在这方面的投入本身是严重不足的，一方面受限于经济条件，另一方面也是当地的重视和理解程度决定的。

目前的社区教育机构大多由教育部门主办，其中一小部分被纳入财政预算，另外大部分未被纳入财政预算。即使纳入财政预算的，也较少是专项经费，经常以其他名义列支，缺少财政专项经费导致社会力量和各类学校缺乏参与社区教育工作的积极性。各地在向教育部申报参与社区教育的居民比例时，大多达到了百分之十几到三十，但这里通常是把各种大型活动人数、网站点击人数统统计算在内，实际经常性参与的人口比例非常低，仅以老年教育为例，实际参与者的比例占老年人口不足4%，退休群体尚且如此，其他人群只会更低。

总结起来，现存问题主要如下：

一是区域发展不平衡。华东地区社区教育发展态势较好，前文的数据已经表明，华东地区的机构数量、经费投入等都名列前茅，其次是华北和西南地区，再次是西北、中南、东北地区，某些地区甚至是一片空白。但即使是在同一地区，发展也不均衡，地市级社区教育资源基本集中于中心城区，县（市、区）级主要集中在政府所在区域，这两级优质资源相对集中。在面广量大的农村地区，机构明显偏少，按照全国1.2万多个乡镇来计算，社区教育能够覆盖到的不到一成，但从前文的案例分析来看，社区教育在城镇化过程中对空心化、老龄化的乡村的意义非常明显。

二是办学主体不均衡。社区教育办学主体主要是当地政府，社会力量和商业机构鲜有涉足，根本原因在前文分析老年大学时也已提到，社区教育很少有盈利点，多是公益属性。部分地区在实践探索中，也有将职业培训或青少年培训纳入其中的，这些内容确实可以吸引商业机构进入，开展合作办学。各地可以考虑鼓励社会机构进入社区教育，培训内容向休闲文化、职场技能、市民素养这些方面转型，不失为生存之道。此外，全日制学校，如高校、中小学，对社区教育也缺乏兴趣，虽然各地一直呼吁教育资源共享，但许多学校体育场馆、图书馆、课程，都没有向社区居民开放，即使在寒暑假、双休日也常常处于空置状态。即便如文中提到的高校开放部分课程给社区居民旁听，目前也仅有零星几家试点，且都已暂停。

三是资源重复建设。各地的社区教育网络平台和课程资源，存在重复建设的问题，各类资源形式、内容雷同，或者有的就是从其他网站搬运而来，资源质量不高，难以和商业机构或自媒体制作精良的短视频相提并论。

此外，这些资源点击率偏低，许多社区教育网站本身知名度和影响力有限，用户很少，而质量更好、内容更优的课程或视频在网上比比皆是，商业性网站如网易、哔哩哔哩等都可以搜索到免费且优质的资源。

8.2.3 运作机制：民间自发力量的激发

社区教育是能够激发基层社区自组织力量的有效载体，也为政府减轻基层社会治理成本提供了助力。但目前社区居民有效组织和联系的作用发挥还不够，缺乏统筹规划布局、精准支持的完整政策体系。社区教育缺乏市场机制调节供需关系，政府购买服务的机制未建立，社会力量举办社区教育的利益无法保障，社会资本参与社区教育的活力也很难充分激发。社区组织参与社区教育的程度仍然有限，缺乏社会参与机制调节供需关系。自负盈亏的社会机构通过市场化收费办班的形式开展社区教育，必然难以实现预期规模和收益，因此难以按照市场化的模式开展。到目前为止，公办的社区教育机构收费标准很低，如果没有政府拨款，无法自我生存，而社会机构准入渠道不畅通，即使在个别已经得到批准的社会机构中，也无法享受用水、用电、用网的价格优惠、税收优惠。

英国社会教育的机构组织的主体是各地政府教育机关，成人学习者自发成立的志愿组织以及相应的社会责任组织，并专门成立了国家终身教育发展署，形成了一套比较健全的管理制度。中国的终身学习系统尽管设置有行政机构，但却常常和原来教育、文化、民政部门结构重合，又或者只是在原来机构基础上加推一块牌子。对社区民间组织的投入更显欠缺，全国各地仍主要停留在行政推动层次。上海、北京等地在居民自发建立、协会自主运作、社团独立经营的方式培育上开展了若干尝试与探索，并获得了相当的进展。

社区教育民间组织的独立运营是欧美社区的主要特点，民间组织在整个西方社区的活动运营与管理过程中，发挥着十分关键的作用，特别在居民的知识学习、休息娱乐、健康生活等方面，有着非常大的作用。居民也愿意积极参与到这些民间组织的活动实施与管理运作中，而政府部门的参与则一般仅局限于项目审批、资金划拨以及财政审核等方面。中国的社区管理依然是以行政为主，民间力量介入的程度较小，因此有必要建立开放合作、融通衔接、智慧共享、广在可选的现代社区教育治理结构，以社区教育为平台和纽带，聚集起社区全体公民，完善公民道德，形成良好风尚，焕发社会活力，推动社会进步。把社区教育引入公共服务体系，作为城市居民都可享有的社会福利，以促进居民素质教育与公共服务均等化。

第 9 章　结论与展望

9.1　研究结论

社区教育经历了从家庭教育到社会教育,从校外教育到终身教育的发展历程,是生长在社区的一种活动载体,是在国民教育体系之外的所有满足市民精神文化需求的各种教育形式。三十多年来,面对中老年人、外来人口、弱势群体等不同人群,社区教育作为基层社区维稳策略的辅助手段、休闲文化的补充形式和群体生活的公共空间,在不同的历史时期解决的问题、发展的重点和呈现的形态都不尽相同,成为社会和时代变革的产物。

社区教育作为一种非正式制度,在基层社会治理中构建起一个多元主体平等参与的公共领域,在国家和社会之间成为一个中介,成为通过群体、社团和活动进行主体交互、意见表达的场域和机制,成为非制度化的基层社会治理的有效手段。

社区教育的主要对象群体大致可以描述为:中老年人,收入、学历中等,住房类型普通,处于社会中间或略偏下的阶层,对于文化教育类活动比较感兴趣,乐意参与社区活动,渴望社会交往和公共生活,对新鲜事物和新兴技能有比较强烈的学习欲望。面对这样的群体，社区教育解决的是个体层面的学习需求、群体层面的公共活动、社会层面的集体认同和社会规范等问题。

从提升社会容量和整合程度的角度来看，人们选择社区教育的原因，与其说是学习的需求，毋宁说是聚合的需求，学习共同体是人们在学习中熟悉和互动的载体，而参与的过程将不同年龄、阶层的人群整合在了同一个空间内，其公益性的价格和公共服务的属性，使其对不同阶层的群体来说是一种缝合剂。社区教育整合了不同阶层人群，整合了大量"单位社会"或"体制"之外的群体，也整合了不同年龄层的群体，为其带来群体生活的安全感，赋予其生活以新的意义，提供其实现自我价值的舞台。社区教育成为维系个人与社会和群体的一条纽带，通过聚合和参与，促进多元主体积极、主动、平等地进入社区教育的场域，提升社会容量和整合程度有助于让这条纽带更为强韧，让游离于基层社会治理视野之外的原子化个人，被纳入互相熟悉和依赖的社会共同生活中。

从增强道德密度和利他主义的角度来看，社区教育作为一种非正式制度，依赖道德和信任这类软约束条件，在正式制度难以发挥作用的空间里，建立区域性协商议事制度，界定社区道德规范体系。社区教育强化了成员间的身份认同感，让居民确信和认识到自己是一个有价值的个体，是一个共享相似的利益和资源的社会群体的成员。社区教育扩大了社区成员互相信任的网络规模，成为社区居民自我管理、自我学习、自我娱乐、自我提高的载体，拓展了市民学习的空间。以社区教育的公共领域为平台，构筑起社区群体规范体系和互信互惠的人际网络，通过增强道德密度和利他行为，重构社区共同体，对于基层社会治理有着明显的促进作用。

从建构集体意识的角度来看，社区教育通过意识形态的宣传和氛围的营造、大型活动和仪式以及价值观的影响，成为公民教育、意识形态输出的阵地。社区教育营造的群体活动空间，更加能够强化这种宣传的效果，进而作用于人们的行为。社区教育提供了适应现代生活的理念和一种非常有效的规划选项，营造出一个获取休闲生活的选项。社区教育是一种中介结构，政策的意图通过这类中介机构来实现社会目的，行为的规训和生活方式的习得依赖集体意识的建构不断迭代。社会团结关系的紧密程度主要取决于集体意识与个人的联系，集体意识是其中的核心要素，集体意识将个体与社会的价值观念联系起来，从而让基层社会治理获得更强的合法性。

在基层社会治理的视域背景下，对于社区教育的理解，不仅要从教育本身入手，更要从社区入手，从学习共同体到社区共同体的演化是社区教育的底层逻辑，治理的意义也在于过程而非结果。对社区教育的研究和实践要放在社会治理的大框架下才能凸显出意义，社区教育融入基层社会治理，是社区教育未来的发展指向，也是作为研究者应该去关注和探索的方向。

9.2　研究展望

社区教育的定位主要在于"社区"，教育只是其表现形式，通过构建学习共同体的方式，实现社区共同体的形态，社区教育以普惠化、组织化、功能化为途径，以社会团结理论作为指针维度，达到主体多元、平等参与、互信、互惠、形成共识等基层社会治理的目标。

社区之于社会建设的重要性，已经显而易见，社区复兴不再是一句空谈。尤其是复杂社会的到来，让许多社会问题无法再依靠政府单方面得到解决，而需要依赖基层社区的参与。社区教育在教育领域不是占据主流话语权的一种教育形式，和基础教育、高等教育、职业教育都没法等量齐观，社区教育行业内的从业者和研究者也很难得到社会的广泛关注，这是由于

社区教育与基层社会治理

没有跳出教育的范畴来思考社区教育。正如前文所述，社区教育既是"教育"，更是"社区"，或者说，在社区教育这里，社区的意义比教育更大，要把其放在社会治理的大框架下研究才能凸显其意义。唯有如此，我们才不至于把社区教育越做越小，反复精耕细作带来严重的概念内卷。让社区教育融入社会治理，或者说让社会治理的元素体现在社区教育的内容中，这是社区教育应该的发展方向，也是作为研究者应该去关注和探索的方向。

参考文献

[1] [法] 爱弥尔·涂尔干. 宗教生活的基本形式 [M]. 渠东, 级喆, 译. 上海: 上海人民出版社, 2006.

[2] [法] 埃米尔·涂尔干. 社会分工论 [M]. 渠东, 译. 北京: 三联书店, 2000.

[3] [法] 埃米尔·迪尔凯姆, 冯韵文译. 自杀论 [M]. 北京: 商务印书馆, 2003.

[4] [美] 埃莉诺·奥斯特罗姆. 公共事务的治理之道 [M]. 余逊达, 译. 上海: 译文出版社, 2012.

[5] [美] 彼得·贝格尔. 神圣的帷幕: 宗教社会学理论之要素 [M]. 高师宁, 译. 上海: 上海人民出版社, 1991.

[6] [美] 彼得·贝格尔. 宗教社会学: 彼得·贝格尔读本 [M]. 谢夏珩, 译. 中国社会科学出版社, 2015.

[7] [美] 彼得·L. 伯格, 托马斯·卢克曼. 现实的社会建构: 知识社会学论纲 [M]. 吴肃然, 译. 北京: 北京大学出版社, 2019.

[8] [德] 斐迪南·滕尼斯. 共同体与社会 [M]. 张巍年, 译. 北京:

商务印书馆，1999.

[9] [美] 乔治·瑞泽尔. 古典社会学理论 [M]. 王建民，译. 北京：世界图书出版公司北京公司，2014.

[10] [加] 马尔科姆·格拉德威尔. 异类 [M]. 苗飞，译. 北京：中信出版社，2014.

[11] [英] 麦克·F. D. 扬. 知识与控制 [M]. 谢维和，等，译. 上海：华东师范大学出版社，2002.

[12] [美] 约翰·R. 凯里. 解读休闲：身份与交际 [M]. 李奉栖，曹志建，等，译. 重庆：重庆大学出版社，2011.

[13] [美] 克里斯多夫·爱丁顿，陈彼得. 休闲：一种转变的力量 [M]. 李一，译. 杭州：浙江大学出版社，2009.

[14] [英] 罗伯特·罗茨. 新的治理 [M] // 俞可平. 治理与善治. 北京：社会科学文献出版社，2000.

[15] [德] 卡尔·曼海姆. 意识形态与乌托邦 [M]. 黎鸣，李书崇，译. 上海：上海三联书店，2011.

[16] [美] 卡罗尔·德韦克. 终身成长 [M]. 楚祎楠，译. 南昌：江西人民出版社，2017.

[17] 周红云. 社会治理与社会创新 [M]. 北京：中央编译出版社，2015.

[18] [波兰] 彼得·什托姆普卡. 信任：一种社会学理论 [M]. 程胜利，译. 北京：中华书局，2005.

[19] [美] 林南. 社会资本：关于社会结构与行动的理论 [M]. 张磊，译. 上海：上海人民出版社，2005.

[20] [法] 古斯塔夫·勒庞. 乌合之众：大众心理研究 [M]. 冯克利，译. 桂林：广西师范大学出版社，2011.

[21] [美] 查尔斯·霍顿·库利. 人类本性与社会秩序 [M]. 包凡一，

等，译. 北京：华夏出版社，2015.

[22] [英]安东尼·吉登斯. 现代性与自我认同：晚期现代中的自我与社会[M]. 夏璐，译. 北京：中国人民大学出版社，2016.

[23] [德]西美尔. 货币哲学[M]. 陈戎女，等，译. 北京：华夏出版社，2002.

[24] [法]米歇尔·福柯. 规训与惩罚[M]. 刘北成，等，译. 北京：三联书店，2012.

[25] [英]齐格蒙特·鲍曼. 流动的现代性[M]. 欧阳景，等，译. 上海：上海三联书店，2002.

[26] [古罗马]西塞罗. 论老年 论友谊 论责任[M]. 徐奕春，译. 北京：商务出版社，2016.

[27] 末本诚，吴遵民. 当代社区教育新视野[M]. 上海：上海教育出版社，2003.

[28] 范以纲. 从组织学习到学习组织——上海市民学习团队发展模式研究[M]. 上海：上海科学普及出版社，2015.

[29] 范以纲. 社区教育发展三十年——以上海市普陀区为例[M]. 上海：学林出版社，2016.

[30] 黄云龙. 社区教育管理与评价[M]. 上海：上海大学出版社，2000.

[31] 李慧凤，许义平. 社区合作治理实证研究[M]. 北京：中国社会出版社，2009.

[32] 李培林，李强，马戎. 社会学与中国社会[M]. 北京：社会科学文献出版社，2008.

[33] 李强. 中国社会变迁30年[M]. 北京：社会科学文献出版社，2008.

[34] 李强，等. 协商自治·社区治理：学者参与社区实验的案例[M].

北京：社会科学文献出版社，2017.

[35] 国务院发展研究中心. 我国社会治理的制度与实践创新［M］. 北京：中国发展出版社，2018.

[36] 李孝悌. 中国的城市生活［M］. 北京：北京大学出版社，2013.

[37] 厉以贤. 社区教育原理［M］. 成都：四川教育出版社，2003.

[38] 刘秀艳. 社区思想教育理论与实践［M］. 北京：中国财政经济出版社，2003.

[39] 马西恒，等. 城市社区党建：内涵与体系［M］. 上海：学林出版社，2005.

[40] 马仲良. 社区建设概论［M］. 北京：中国社会出版社，2012.

[41] 沈金荣. 社区教育的发展与展望［M］. 上海：上海大学出版社，2000.

[42] 沈关宝. 历史现实模式：以上海社区文化为例的实证研究［M］. 上海：上海人民出版社，2007.

[43] 唐亚林，等. 社区治理的逻辑：城市社区营造的实践创新与理论模式［M］. 上海：复旦大学出版社，2022.

[44] 童星. 中国社会治理［M］. 北京：中国人民大学出版社，2018.

[45] 王明美，程宇航. 社区建设：中国和江西的实践［M］. 南昌：江西人民出版社，2008.

[46] 魏礼群. 中国社会治理通论［M］. 北京：北京师范大学出版社，2019.

[47] 吴遵民. 当代终身教育理论综述［M］// 中国教育发展战略学会终身教育工作委员会. 中国终身教育蓝皮书. 北京：现代出版社，2010.

[48] 俞可平. 治理与善治［M］. 北京：社会科学文献出版社，2000.

［49］叶忠海．21世纪初中国社区教育发展研究［M］．青岛：中国海洋大学出版社，2006．

［50］张康之．社会治理的历史叙事［M］．北京：北京大学出版社，2006．

［51］张静．社会治理：组织、观念与方法［M］．北京：商务印书馆，2019．

［52］郑杭生，杨敏．中国社会转型与社区制度创新——实践结构论及其运用［M］．北京：北京师范大学出版社，2008．

［53］郑也夫．信任论［M］．北京：中信出版社，2015．

［54］周红云．社会资本与中国农村治理改革［M］．北京：中央编译出版社，2007．

［55］陈翠玲．社区教育融入社区治理的实践探究［J］．宁波广播电视大学学报，2015，13（2）：3．

［56］陈乃林．基于社会治理视角的社区教育管理创新路径选择［J］．北京广播电视大学学报，2013（4）：7．

［57］陈乃林．创新社区教育治理体系略论［J］．职教论坛，2014（15）：50-53．

［58］丁利荣．社区治理视角下的学习型社区建设路径探析——以郑州市为例［J］．继续教育研究，2022（3）：5．

［59］董平．社区教育的社会治理功能及其实现的工作模式研究［J］．成人教育，2016（11）：3．

［60］高振勇．社区教育融入社区治理的路径探析——以深圳市宝安区松岗社区为例［J］．高等继续教育学报，2021，34（2）：4．

［61］高志敏．迈向交集：论社区治理与社区教育［J］．教育发展研究，2015（23）：10．

[62] 黄晓春. 当前基层社会治理创新的起点与方向 [J]. 西部大开发, 2014（11）: 3.

[63] 纪永回. 推进基层老年教育治理体系和治理能力现代化 [J]. 老年教育（老年大学）, 2015（3）: 3.

[64] 厉以贤. 社区教育的理念 [J]. 教育研究, 1999（3）: 5.

[65] 林永周, 刘海波. 社区教育在社会治理创新中的发展探析 [J]. 西北成人教育学院学报, 2021（1）: 4.

[66] 刘道湘. 推进老年教育治理体系和治理能力建设初探 [J]. 老年教育（老年大学）, 2015（2）: 4.

[67] 娄眉卿. 社会治理视域下社区教育管理研究 [J]. 教育评论, 2015（9）: 3.

[68] 欧斯玛尼·张. 国外社区教育模式及其对我国的启示 [J]. 天津电大学报, 2010, 14（1）: 4.

[69] 庞庆举. 社会治理视野中的社区教育力及其提升研究 [J]. 教育发展研究, 2016（7）: 8.

[70] 秦钠. 社区教育与社会治理的内在关联 [J]. 成才与就业, 2015（s2）: 1.

[71] 沈进兵. 协同治理视域下社区教育融入社区治理的内在逻辑与建构路径 [J]. 高等继续教育学报, 2021, 34（3）: 5.

[72] 沈启容. 中外终身学习体系架构和模式的研究 [J]. 继续教育, 2013（8）: 4.

[73] 沈启容. 社区文化教育活动在社会治理中的作用——群体性活动视角下的社区生活 [J]. 中国成人教育, 2015（22）: 3.

[74] 沈启容. 教育现代化视域下社区教育的国际比较 [J]. 职教论坛, 2020（3）: 7.

[75] 王顺霖课题组. 上海市社区教育政策调查研究课题［J］. 上海高教研究, 1998, 18（11）: 20-24.

[76] 王焱. 也谈社区教育的本质［J］. 教育理论与实践, 2000（2）: 6.

[77] 吴云. 开展城乡社区教育、推动社会治理创新问题研究［J］. 广播电视大学学报（哲学社会科学版）, 2016（1）: 4.

[78] 辛治杰. 社区教育与社区文化推动社区治理的路径及实践研究[J]. 中国成人教育, 2021（11）: 6.

[79] 谢刚. 我国推动社区教育与创新社区治理的协同发展研究［J］. 成人教育, 2021, 41（9）: 5.

[80] 杨彬. 世界终身教育发展: 理论脉络、发展模式和战略举措［J］. 天津市教科院学报, 2009（1）: 4.

[81] 杨振洪, 杨源哲. 试论我国老年教育的社会治理［J］. 温州大学学报（社会科学版）, 2015（6）: 8.

[82] 张伟君. 理念与创新: 未来社区视域下社区教育实践方向的研究［J］. 当代继续教育, 2021, 39（2）: 6.

[83] 白雪娇. 血缘与地缘: 以家、房、族、保为单元的宗族社会治理——以粤北福岭村陈氏宗族为个案［D］. 武汉: 华中师范大学, 2017.

[84] 陈建领. 现代城市社会治理模型研究［D］. 北京: 北京理工大学, 2018.

[85] 关爽. 国家主导的社会治理: 当代中国社会治理的发展模式与逻辑［D］. 杭州: 浙江大学, 2015.

[86] 柯尊清. 当代中国城市基层社会治理研究——基于政府管理的分析［D］. 昆明: 云南大学, 2016.

[87] 李佳萍. 我国社区教育管理的问题与对策研究［D］. 长春: 东北师范大学, 2014.

[88] 李臻. 政府治理视阈下的老年教育发展研究——以奉化市为例[D]. 宁波：宁波大学，2015.

[89] 李鹰. 行政主导型社会治理模式之逻辑与路径——以行政法之社会治理功能为基点[D]. 武汉：武汉大学，2012.

[90] 刘佳. 我国基层社会治理模式创新研究[D]. 长春：东北师范大学，2015.

[91] 刘珊. 特大城市基层社会治理中的共治与自治研究——以上海市为例[D]. 南京：南京大学，2016.

[92] 刘翔. 中国服务型政府构建研究[D]. 上海：复旦大学，2010.

[93] 刘宗锦. 我国城市社区教育协同治理研究——基于社会治理结构变迁的视角[D]. 天津：天津大学，2017.

[94] 鹿斌. 新型城镇化背景下的社会治理结构创新研究[D]. 苏州：苏州大学，2018.

[95] 马琳琳. 我国社区教育政府行为研究——基于从政府管理到社会治理的视野[D]. 太原：山西大学，2017.

[96] 齐梦頔. 社区教育在社区治理中的作用研究——以呼和浩特市中山路街道为例[D]. 呼和浩特：内蒙古师范大学，2020.

[97] 秦钠. 中日都市社区教育比较研究——以上海和大阪为例[D]. 上海：上海大学，2006.

[98] 秦上人. 基层社会治理创新的制度化——一项多案例研究[D]. 杭州：浙江大学，2016.

[99] 邵静野. 中国社会治理协同机制建设研究[D]. 长春：吉林大学，2014.

[100] 沈筱芳. 党的领导与基层社会治理研究[D]. 北京：中共中央党校，2017.

[101] 徐秦法. 社会治理中的信仰价值研究 [D]. 长春：吉林大学，2007.

[102] 许婵. 中国共产党从社会管理到社会治理的思想演变及发展 [D]. 武汉：武汉理工大学，2017.

[103] 许芸. 社会治理视角下的社会组织培育与发展研究——以江苏省南京市为例 [D]. 南京：南京大学，2015.

[104] 王昊. 新时期社会主义意识形态社会治理研究 [D]. 武汉：华中师范大学，2015.

[105] 王彦平. 中国基层社会治理及创新研究——以山西省 H 县为例 [D]. 太原：山西大学，2016.

[106] 王英. 中国社区老年教育研究 [D]. 天津：南开大学，2009.

[107] 杨怀玉. 广州市番禺区社区教育管理研究 [D]. 广州：华南理工大学，2016.

[108] 张宏伟. 治理现代化视域下社会治理模式创新研究 [D]. 济南：山东大学，2015.

[109] 张艳秋. 社区嵌入式治理研究——以武汉市"社区教育融入社区治理"为例 [D]. 武汉：华中师范大学，2019.

[110] 赵萍. 风险社会理论视域下中国社会治理创新的困境与出路研究 [D]. 济南：山东大学，2014.

[111] 赵爽. 城市基层社会治理的动力研究——以上海市 Y 社区为例 [D]. 武汉：华东师范大学，2021.

[112] Giddens A. Capitalism and modern social theory：An analysis of the writings of Marx，Durkheim and Max Weber [M]. Cambridge：Cambridge University Press，2001.

[113] Berger P L. Invitation to Sociology：A Humanistic Perspective [M].

New York: Anchor Books, 1963.

[114] Philip S G. REFLEXIVE SECULARITY? Thoughts on the Reflexive Imperative in a Secular Age [M]. New York: Springer International Publishing, 2016.

[115] Collins R. Sociological Insight [M]. New York: Oxford University Press, 1982.

[116] Tsai L L. Solidary Groups, Informal Accountability, and Local Public Goods Provision in Rural China [J]. American Political Science Review, 2007, 101(2): 355-372.

[117] Education and Training Monitor 2018, Directorate-General for Education, Youth, Sport and Culture [C]. European Commission, 2018.

[118] Gould R V. Patron-Client Ties, State Centralization, and the Whiskey Rebellion [J]. American Journal of Sociology, 1996(102).

[119] Cheng H, Lyu K, Li JC, et al. Bridging the Digital Divide for Rural Older Adults by Family Intergenerational Learning: A Classroom Case in a Rural Primary School in China [J] //International Hillmann H. Localism and the Limits of Political Brokerage: Evidence from Revolutionary Vermont, AJS, 2008, 114(2).

[120] Hughes C, Tight M. The myth of the learning society [J]. British Journal of Educational Studies, 1995, 43(3): 290-304.

[121] Meyer J W, Rowan B. Institutionalized Organizations: Formal Structure as Myth and Ceremony [J]. AJS, 1977, 83(2).

[122] Čermáková J, Houda M, Rolínek L. Lifelong Learning as the Key Competency for Industry 4.0 [J]. Acta Universitatis Bohemiae Meridionalis, 2021, 24(2).

[123] Cichoracki M. Quality of Basic, Tertiary Education and Adult Learning in the European Union: The Key Trends [J]. The Modern Higher Education Review, 2021（6）.

[124] Miloš Kankaraš. Workplace Learning: Determinants and Consequences [J]. Publications Office of the European Union, 2021.

[125] Swindell R, Vassella K, Morgan L, et al. University of the Third Age in Australia and New Zealand: Capitalising on the cognitive resources of older volunteers [J]. Australasian journal on ageing, 2011, 30（4）: 196–201.

附录1　上海市社区教育与社会治理情况问卷调查

上海市社区教育与社会治理情况问卷调查

问卷编号：_____

调查员：_____

填写时间：_____

所在区：_____

所在街镇：_____

所在小区：_____

附录 1

上海市社区教育与社会治理情况问卷调查

尊敬的先生/女士：

您好！我们是社区教育与社会治理研究课题组。这份调查问卷的目的是了解目前上海市社区教育与社会治理发展情况，为发现、解决和研究社区居民在精神文化、娱乐生活、社区参与等方面存在的问题，以及思考未来社区教育发展模式提供可靠依据，诚恳地希望我们的调查能得到您的大力支持与合作。

问卷采取无记名方式，涉及的敏感问题，希望您本着实事求是的精神，认真如实地回答。您所填的任何信息，我们都会严格保密，只用于做研究，不会用于任何其他场合，请放心。

填写这份问卷大约需要 20 分钟时间，衷心感谢您抽出宝贵的时间来完成这份问卷。

填写说明：

请根据您的实际情况或您所知道的情况填写问卷。问卷中的选择题，请在符合自身情况的选项序号上画圈，注明多选的可多选，其余没有注明的请单选。如果您选择了"其他"选项，请填写注明。最后一题是开放式问题，请直接写出您的情况或想法。谢谢。

第一部分：个人基本信息

请在您要选的选项序号上画圈。

1. 您的性别：【1】男　　　　【2】女

2. 您的年龄：＿＿＿＿＿＿周岁（请填写）

3. 您的户籍：【1】上海户籍

　　　　　　【2】外地户籍＿＿＿＿＿＿（请填写户籍地，如浙江、江苏）

4. 您的文化（受教育）程度：

　　【1】小学　　　　　　　【2】初中

　　【3】高中（职校）　　　【4】专科

　　【5】本科　　　　　　　【6】研究生

5. 您目前在岗（或退休前）的职业：

　　【1】行政管理人员　　　【2】各类经理人员

　　【3】私营企业主　　　　【4】专业技术人员

　　【5】一般办事人员　　　【6】个体工商人员

　　【7】产业工人　　　　　【8】军人

　　【9】商业、服务业人员　【10】农民

　　【11】其他＿＿＿＿＿＿＿＿＿＿（请填写）

6. 您目前在岗（或退休前）所获职称或相应职务：＿＿＿＿＿＿（请填写）

7. 您的主要经济来源（可多选）：

　　【1】积蓄　　　　　　　【2】离退休金、养老金

　　【3】家庭其他成员供养　【4】政府补助

【5】当前劳动所得　　　　　　【6】商业保险保障

【7】财产性收入，如房租、投资、理财等

【8】其他_____（请填写）

8. 您的身体状况：

　　【1】非常好　　　　　　　【2】一般　　　　　　　【3】不太好

9. 您的个人月收入处于以下哪个阶段：

　　【1】1000元以下　　　　　【2】1000～2000元

　　【3】2000～3000元　　　　【4】3000～5000元

　　【5】5000～10000元　　　 【6】10000元以上

10. 您每月用于自身的文化教育类（如培训、买书、看电影等）的支出大约是：

　　【1】几乎没有　　　　　　【2】100元以下

　　【3】100～300元　　　　　【4】300～500元

　　【5】500～1000元　　　　 【6】1000元以上

11. 您现在的居住情况（可多选）：

　　【1】与配偶同住　　　　　【2】与子女同住

　　【3】与父母同住　　　　　【4】单独居住

　　【5】其他_____（请填写）

12. 您的住房类型是：

　　【1】高层公寓　　　　　　【2】多层公寓

　　【3】石库门里弄　　　　　【4】花园洋房

　　【5】其他_____（请填写）

13. 您需要帮助子女照顾第三代吗？

　　【1】需要　　　　　　　　【2】不需要

14. 您需要照顾老年父母吗？

 【1】需要　　　　　　　　【2】不需要

15. 您每月的总体消费支出大约是：_____ 元（请填写）

第二部分：社区教育参与状况

请在您要选的选项序号上画圈。

1. 您目前主要社交活动有哪些（可多选）：

 【1】基本无社交活动　　　【2】各类社区文化活动

 【3】在家看电视　　　　　【4】和邻居朋友聊天

 【5】旅游、探亲等　　　　【6】读书看报

 【7】棋牌麻将等　　　　　【8】参加宗教活动

 【9】其他_____（请填写）

2. 您了解或参加过社区学院或社区学校的课程或活动吗？

 【1】没有　　　【2】不知道　　　【3】听说过但没参加过

 【4】曾经参加过　【5】正在参加

3. 您所在的社区是否有社区教育课程或活动？

 【1】有　　　　【2】没有　　　　【3】不知道

4. 您是从何途径了解到社区教育相关信息的（可多选）：

 【1】社区宣传　　【2】亲朋好友介绍

 【3】媒体广告　　【4】报纸杂志

 【5】子女报名　　【6】其他_____（请填写）

5. 您对兴办社区教育的看法是：

 【1】很有必要　　【2】应该办　　　【3】可办可不办

6. 如果有机会，您愿意了解或参加社区教育课程吗？

　　【1】非常愿意　　　【2】比较愿意

　　【3】愿意　　　　　【4】不太愿意

7. 您的家人对您参加社区教育课程的态度：

　　【1】非常不支持　　【2】不支持　　　　　【3】说不清楚

　　【4】支持　　　　　【5】非常支持

8. 您愿意参加社区教育的课程或活动的原因是（可多选）：

　　【1】能学习和做自己感兴趣的事情

　　【2】避免孤独，接触社会

　　【3】认识更多有相同爱好的朋友

　　【4】寻求寄托，在空闲时间有事可做

　　【5】喜欢社区学院（学校）的公共活动空间

　　【6】个人价值的实现，完成之前未完成的愿望

　　【7】学习一些知识和技能

　　【8】其他 _____（请填写）

9. 导致您可能不愿意参加社区教育的课程或活动的原因是（可多选）：

　　【1】没时间

　　【2】没兴趣

　　【3】经济原因

　　【4】距离偏远且交通不便

　　【5】没有自己喜欢的课程/活动内容

　　【6】没有专业水平的教学资源和活动设施

　　【7】周边配套设施不全

　　【8】家人不支持

　　【9】其他 _____（请填写）

10. 您希望学习到哪些课程（可多选）：

　　【1】知识型课程（财经类、文史类、外语类、科技类等课程）

　　【2】技能型课程（书画类、家政类、计算机类、器乐类等课程）

　　【3】休闲型课程（文艺类课程）

　　【4】保健型课程（如医学保健、食疗营养、养生保健、强身健体等）

　　【5】综合型课程（如投资理财、花鸟养殖、烹调剪裁类、法律知识、心理等）

　　【6】其他 _____（请填写）

11. 您希望或能接受一周上几次课：

　　【1】1次　　　　　　　　【2】2～3次

　　【3】4～5次　　　　　　【4】5次以上

12. 您来参与学习和活动的话，能接受的路上交通时间是：

　　【1】半小时以内　　【2】半小时到一小时　　【3】一小时以上

13. 您觉得社区教育一门课程（一学期）较为合理的收费标准是：

　　【1】50元以下　　　【2】50～100元　　　【3】100～150元

　　【4】200～250元　　【5】250～300元　　【6】300元以上

14. 对于参加社区教育，您最在意的三项要素分别是（请填写序号）：

　　_____、_____、_____。

　　【1】硬件设施　　　【2】环境卫生　　　【3】课程设置

　　【4】课时安排　　　【5】师资水平　　　【6】学校管理

　　【7】个人收获　　　【8】其他 _____（请填写）

第三部分：社区教育与社区发展关系

请在您要选的选项序号上画圈。

1. 您已经在所居住的社区住了多长时间？

　　【1】1年以下　　　　　【2】1~3年

　　【3】3~5年　　　　　【4】5年以上

2. 您平常主要通过哪些途径获取社区管理方面的信息（可多选）：

　　【1】楼组长　　　　　　【2】居委会

　　【3】社区信息栏、黑板报　【4】电视新闻

　　【5】报纸媒体　　　　　【6】手机、PAD、电脑等

　　【7】亲朋好友　　　　　【8】其他途径_____（请填写）

3. 从参与社区活动的主动性方面来看，下列哪种说法最符合您的情况？

　　【1】我会积极主动地参与

　　【2】经过宣传动员，我一般会参与

　　【3】经过宣传动员，我也不一定参与

　　【4】不管怎么样，我基本都不参与

4. 您参加社区活动或事务，主要的原因是（请选择三项，填写在空格内）：

　　_____、_____、_____。

　　【1】社会责任感驱使而自愿参加

　　【2】有助于自身事业得到发展

　　【3】受周围人影响　　　　【4】展示自我

　　【5】寻找伙伴　　　　　　【6】消磨时间

　　【7】参与群体活动　　　　【8】基本不愿参与

5. 您所在社区的社区活动发起者通常是（只选择一项）：

【1】居委会组织动员

【2】社区居民小组发起动员

【3】社区居民自发开展

【4】其他社会组织、单位联系开展

6. 在以下项目中，您喜欢参加的活动是（可多选）：

【1】社区服务　　　　　　【2】文体活动

【3】民主自治活动　　　　【4】环境和治安活动

【5】都不喜欢　　　　　　【6】其他_____（请填写）

7. 您通常愿意在社区活动中担任的身份是（只选择一项）：

【1】组织者　　　　　　　【2】参与者

【3】参与并发表自己的意见　【4】不参与活动

8. 您在参加社区教育后，愿意做哪些事情（可多选）：

【1】参加相关演出展示　　【2】教给其他人

【3】继续学习其他相关课程　【4】自己会了就可以了

【5】其他_____（请填写）

9. 如果您在社区教育课程和活动中学习到了知识或技能，您愿意奉献给社区吗：

【1】非常愿意　　　　　　【2】不愿意

如果您选择了"不愿意"，主要原因是（只选择一项）：

【1】缺乏平台　　　　　　【2】家人不支持

【3】没有时间　　　　　　【4】没有经济回报

【5】其他_____（请填写）

10. 您觉得参加社区教育课程，对您参与社区事务最大的帮助是（可多选）：

【1】加强了自己与居委会等社区组织的联系

【2】增强了自己的社区意识

【3】让个人价值在社区得到发挥

【4】对自己生活的社区有了新的认识

【5】帮助自己明确对社区的需求

【6】其他 _____（请填写）

11. 您认为社区教育应当具有或承担哪些功能（可多选）：

　　【1】传授知识技能　　　　【2】传承传统文化

　　【3】传播先进文化　　　　【4】改善人际交往

　　【5】促进邻里和谐　　　　【6】提供休闲娱乐

　　【7】优化社区管理和服务　【8】其他 _____（请填写）

12. 从个人需求和社会发展的角度来看，您对未来社区教育的发展有什么建议？对于社区教育和社会治理，又有些什么想法？（请将您的想法简单陈述）

　　耽误了您的宝贵时间，我们深表歉意。

　　您在问卷中所填的任何信息，我们都将严格保密，只会被用于研究，不会有任何泄露的风险。

　　再次感谢您的参与！

附录2　与不同访谈群体对象的访谈提纲

您的基本信息：

1. 您的性别：_____

2. 您的年龄：_____

3. 您的文化程度：_____

4. 您目前或退休前的工作岗位：_____

5. 您的闲暇生活主要内容是（列举）：_____

6. 您目前的身体健康状况：_____

一、与社区学校校长或常务副校长的访谈提纲

1. 请谈谈从事社区学校办学工作的理念，对社区学校规范化建设的思考、发展定位，今后办学的基本思路。请介绍学校工作个性特色和成功经验。

2. 目前妨碍社区学校发展的主要"瓶颈"是什么？在社区教育资源整合和有效利用上有什么困难与要求？希望得到哪些职能部门的具体支持和指导？

3. 对于加强全市、各区县社区学校的合作与交流有什么建议？

4. 对于目前学校的组织架构是否满意？

二、与社区教育机构管理人员的访谈提纲

1. 请您谈谈对社区学校标准化建设的理解和工作思路。如何使教学管理标准化工作上个台阶？请介绍学校在标准化建设工作中的亮点和特色。

2.如何结合地区经济、人文环境实际，因地制宜积极开展受欢迎的专业课程、教材开发工作？如何专职、兼职并举，扩大师资"蓄水池"，丰富教学内容，扩大办学空间，满足社区教育人口需求？

3.如何建立教学质量保障体系，加强管理，确保学校教学质量？目前影响学校教学质量的"瓶颈"是什么？

4.如何充分利用社区各种教育资源，降低教学成本，提高教学质量和教学效益？

三、与社区教育专兼职教师访谈提纲

1.您是否适应、热爱社区教育事业？

2.学校教学工作和教学生活中需要改进的是什么？对学校教学工作、教学管理工作的建议和意见。

3.学校及学校领导对您教学工作是否关心、支持？

4.社区学校教师应该具备什么样的素质？与传统学校的教师有什么区别？您是如何努力做一个受学员欢迎的教师的？

四、与社区教育志愿者的座谈会提纲

1.您是什么时候参加终身学习推进员队伍的？参加这支队伍的初衷是什么？

2.您作为推进员做了哪些工作？在工作中是否遇到了一些困难？您是如何解决的？

3.在从事推进员工作中给您留下深刻印象的人和事有哪些？您觉得推进员工作对终身学习建设起到了什么作用？请举一两个具体事例。

4.您对推进员工作未来的发展有什么建议和意见？

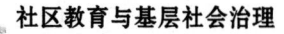

五、与社区教育学员的座谈会提纲

1.您是否喜欢到社区学校参加学习?多久学习一次?都参加了哪些课程的学习?

2.参加社区学校学习或活动,您获得了哪些知识和发展?给您和您的家庭带来什么变化吗?

3.您对社区学校满意吗?(假如不满意)您认为存在哪些问题?(教师方面、教学形式方面、教学内容方面、教学设备方面、教材方面、时间安排方面、活动经费方面、其他)要使社区居民生活更舒适,您认为社区还应该增设哪些社区教育或活动的场所?为什么?

4.请谈谈参加社区学校学习给您留下的印象最深的一件事。

后 记

我的本科和硕士都在上海大学社会学系，留下了许多美好的回忆。2008 年研究生毕业前，一度想要出国，但出于种种原因，不得不选择先就业。当时拿着简历去投了几个地方，其中在华师大有一场普陀区师资招聘会，大多是中小学，语数外史地生，社会学没有地方可投，唯有一所叫业余大学的收了我的简历，去试讲面试，结果就进去了。这是一所面积还没有中学大，白天没有学生，晚上和周末却灯火通明的成人高校，也就是以前的电视大学，后来改名叫开放大学。一眨眼，我在这里工作了 14 年，成人学历教育的学生越来越少，后来增加的社区教育、老年教育反而越来越兴盛。

工作到三四年的时候，我就想要读博进修，但也是各种因素耽搁到了 2017 年，并恰好投到了陆小聪老师的门下。这里要非常感谢我的硕导顾骏老师，他和陆老师曾在同一个办公室，没有他的推荐，我很可能无缘得到陆老师的指点，他也持续地启发了我许多看待社会问题和思考社会学理论的新鲜角度。陆老师也是我七年同窗张修枫的硕导，很早就听他说起过陆老师的学识和风采，进入陆师门下后，深以为然，在许多方面让我对社会学有了新的理解。陆老师的读书会、学期开始和期末的师门交流，是我汲取养分和灵感的渠道。陆老师的谦谦君子之风，让讨论和交流变得惬意和享受。

进入博士论文的写作阶段，我踌躇犹豫过到底选什么方向和题目，陆老师鼓励我从自己熟悉的领域入手，结合理论框架，再做思考，也对我研究的题目非常宽容，给予了极大的研究空间。经过数次的讨论和修改，陆老师提起的社会团结这个概念成了我论文写作的转折点，没有他的提点，我的论文很可能会卡在某个节点，难以取得突破。现在想来，这两年的论文写作，多是在与陆老师边吃饭边聊天或者电话里长达半个多小时的沟通之后，获得启发和思路的。真心感谢陆老师的悉心指导，以及对我许多缺点的包容。

在2017年考上博士之后，我也评上了副教授，同时还经历了人生的重要时刻——儿子的到来。非常感谢妻子和父母多年的支持。有了孩子之后，晚上和周末的时间都无法用来写作论文。唯有去年暑假，妻儿出行的一个多月，让我有了整段的时间来沉下心写论文。这一个月十分痛苦，但也很享受，似乎又回到了作息规律的学生时代，每天的任务就是学习、看书和写作。

2022年2月底，预答辩结束，本以为接下来一个月就可以修改完论文，没想到一周之后上大封校，两周之后我所住的小区也封了，之后封闭的区域不断扩大，乃至于整个上海都静默了。写下这段话时，正是四月初的一个深夜，儿子熟睡在身旁的小床上，每日白天要应付工作、孩子、家务，同时还要抢菜、团购，基本无暇顾及论文，唯有晚上十一点之后才有属于自己的一小段时间。想起两年前武汉疫情之时，我与太太、孩子在她的湖北老家，距离武汉一个小时车程，大年三十改了高铁票飞奔回上海，随后的三个多月基本也是封闭在家，那时儿子只有一岁多，每天站在阳台看下

后 记

面的公交车。那小半年我虽然一直在家，但除了工作上的一些事情，博士学习和论文基本没有进展，令我感受到巨大的无意义感，对时间的概念都变得模糊。如今从阳台上看下去，连公交车都没有了，街道空无一人。论文靠着每天零零碎碎的时间写完了，但封在家里的日子确实难熬。陆老师也一度被封在学校，解封之后飞赴澳洲看望几年没见的女儿和外孙，含饴弄孙之余还在为我修改论文，我深深感激。在准备出版的校稿期间，惊悉陆老师患病住院，期待他早日康复。

　　本书的出版得到了上海开放大学的资助，在研究过程中也得到了开大科研创新项目的支持，在此表示由衷的感谢！同时，也感谢出版社各位编辑老师的悉心指教，为本书顺利出版做出了许多努力。此外，感谢多年的同窗好友张修枫、倪铭、陆浩磊、赵薇等给我的启发，感谢单位领导徐文清校长和开大科研处陈劲良老师的支持，也感谢姜培民、张静、赵洋洋、钱晶、朱伟莉等老师、同事、朋友。读博真的非常辛苦，没有很多好友的支撑，我或许很难坚持下来。生有涯而学无涯，我自己的博士学习或许也是终身学习的一个例证。尤其为人父母后，深感教育孩子不仅要言传，更要身教。学无止境，思考也是快乐的源泉，希望自己可以一直坚持下去。

沈启容

2022 年 12 月于上海